先秦人性论思想与幽暗意识

林 韵 著

人民日报出版社

图书在版编目（CIP）数据

先秦人性论思想与幽暗意识／林韵著. --北京：
人民日报出版社，2017.11
ISBN 978-7-5115-5114-6

Ⅰ. ①先… Ⅱ. ①林… Ⅲ. ①儒家—哲学思想—研究
—中国—先秦时代 Ⅳ. ①B222.05

中国版本图书馆 CIP 数据核字（2017）第 289015 号

书　　　名：先秦人性论思想与幽暗意识
作　　　者：林　韵

出 版 人：董　伟
策　　　划：庞　强　高　栋
责任编辑：孙　祺
封面设计：宋晓璐·贝壳学术

出版发行：人民日报出版社
社　　　址：北京金台西路 2 号
邮政编码：100733
发行热线：（010）65369527　65369846　65369509　65369510
邮购热线：（010）65369530　65363527
编辑热线：（010）65369518
网　　　址：www. peopledailypress. com
经　　　销：新华书店
印　　　刷：天津爱必喜印务有限公司

开　　　本：710mm×1000mm　　1/16
字　　　数：200 千字
印　　　张：11.5
印　　　次：2018 年 3 月第 1 版　2018 年 3 月第 1 次印刷

书　　　号：ISBN 978-7-5115-5114-6
定　　　价：40.00 元

选题依据和研究方法

先秦儒家思想，置身于思想史的讨论中，具有举足轻重的地位。尤其是以人性论为代表的儒家思想，在先秦思想史和文本诠释当中占有重要地位。本文通过对于先秦儒家人性思想的新论，诠释儒家思想的进路和可行性，并对其涵义进行开拓研究。

希望能够通过讨论时代因素和环境影响基础上的先秦儒家人性论思想，探究荀子的鲜明立场，同时对于以荀子为代表的儒者提出"人性恶"思想，表达同情之理解，并且也是有其正当性和价值所在的。

综合前人研究的成果，其中仍然存有很多待深入和修正的问题。本文是以幽暗意识为核心，着力于对儒家人性论思想做一个梳理，以求有所创新和突破。

1. 文献分析法。本书以《先秦人性论思想与幽暗意识》为题，旨在探讨先秦儒家心性论、人性论、方法论和圣人制礼等相关问题。在文本方面，力图在搜集相关文献的基础上，对于本书研究的内容进行分析和论述，评判其中的是非得失，并提出自己的浅见，希望能对荀子研究有所推动，有所裨益。

2. 传统文献和出土文献相结合的方法。本文拟在对儒家经典文献传世文本和注释进行充分把握的基础上，力求在前人的研究成果上进行更进一步的梳理和更为细致的探索，从而对儒家人性思想做出自己的判断。

|目　录|

第一章　风起云涌的时代背景　/ 1

　　第一节　礼乐文化源远流长　/ 2

　　第二节　礼崩乐坏之乱世　/ 7

　　第三节　礼崩乐坏与儒家救世思想　/ 17

第二章　先秦孝悌思想与人性论　/ 19

　　第一节　孝悌观念的建立与崩坏　/ 20

　　第二节　孔子的孝道观与人性论　/ 31

　　第三节　孟子的孝道观与人性论　/ 42

　　第四节　荀子的孝道观和人性论　/ 66

第三章　孔孟荀诸子生平和基本思想　/ 75

　　第一节　孔子生平和基本思想　/ 76

　　第二节　孟子生平和基本主张　/ 92

　　第三节　荀子生平和基本思想　/ 117

第四章　先秦人性论思想的含义　/ 129

　　第一节　先秦人性论的历史背景　/ 130

　　第二节　先秦儒家人性论思想略论　/ 131

第三节　孟荀人性论的历史评价　／136

第五章　幽暗意识和儒家人性论　／139

　第一节　幽暗意识的提出　／140

　第二节　幽暗意识的批判与继承　／142

　第三节　幽暗意识的渊源　／144

　第四节　幽暗意识与儒家人性论　／147

附录1　《论语》中论孝的章句　／157

附录2　《孟子》中论孝的章句　／161

参考文献　／166

第一章

风起云涌的时代背景

第一节　礼乐文化源远流长

中国的礼乐文化,由来已久，最开始是起源于自然崇拜的世界观。同世界上大多数文明一样，中国人的诸神信仰由来已久。早在夏商的时候就有记载："山林川谷丘陵，能出云，为风雨，见怪物，皆曰神"①。古人相信万物皆有灵，这些神灵大多是自然主义的。周朝的时候，天逐渐被视为至上神，具有至高无上的德行和神性，而且能够支配万物生发和人类命运，天子秉承天命统治人间，"呜呼！皇天上帝改厥元子，兹大国殷之命。惟王受命，无疆惟休，亦无疆惟恤"②。而圣王之所以值得后世效仿，在于他按照天意行事："文王在上，於昭於天。周虽旧邦，其命维新。有周不显，帝命不时。文王陟降，在帝左右……宣昭义问，有虞殷自天。上天之载，无声无臭。仪刑文王，万邦作孚。"（《诗经·大雅·文王》）文王的德行和与生俱来的神性使其成为历代帝王典范，也是臣子劝谏皇帝迁善改过的重要榜样，连不修文学的汉高祖都感叹"盖闻王者莫高于周文，伯者莫高于齐桓"③。

---

① 《礼记·祭法》：胡平生、陈美兰译注，中华书局 2007 年版，第 159 页。
② 《尚书·召诰》：幕平译注，中华书局 2009 年版，第 200 页。
③ 班固：《汉书·高祖纪》，中华书局 2007 年版，第 20 页。

　　除了对天的信仰之外，神话传说也对时人的鬼神观念影响至深。《山海经》将那些鬼神描写得惟妙惟肖："凡《东次三经》之首，自尸胡之山至于无皋之山，凡九山，六千九百里。其神状皆人身而羊角。其祠：用一牡羊，米用黍。是神也，见则风雨水为证"，可见鬼神在世人心目中的根深蒂固。对神灵世界的深信不疑导致方士和诸神巫大行其道——他们多来自于齐、燕两国，致力于用神话或者其他神秘主义的方式解释人类社会和宇宙万物。这种崇拜鬼神的迷信不仅在民间流行，他们能通灵治病、成仙不朽的神通对统治阶级，尤其是以天子自居的皇帝有很大吸引力，汉武帝有言："春，起柏梁台。作承露盘，高二十丈，大七围，以铜为之。上有仙人掌，以承露，和玉屑饮之，云可以长生。宫室之修，自此日盛。"[①] 儒在周朝只承担着"以道得民"[②] 的功能，春秋时期的孔子相信天命却"不语怪、力、乱、神"（《论语·述而》），基于这个悠久的传统，西汉的儒生仍以"通古今"的经术为业，并且关注现世生活而不是彼岸世界。

　　与此同时，祭祀活动在国家日常生活中占有重要地位，不仅是向祭祀对象显示信仰，也是礼乐文化的重要组成部分。

　　祭祀活动古已有之，主要是显示信仰和祈求庇佑。祭祀对象分为天神、地祇和人鬼，祖先位列其中表明中国人信仰中祖先崇拜的观念。对孔子的祭祀体现了中国人尊师重傅、圣贤崇拜的特征。

　　祭祀在汉代政治生活中有重要地位。《白虎通》认为天子之所以祭祀是因为他肩负着"为天下求福报功"[③] 的使命。《国语》中王问

---

① 司马光：《资治通鉴·汉纪十二》，中华书局 2009 年版，第 229 页。
② 《周礼译注》杨天宇撰，上海古籍出版社 2004 年版，第 19 页。
③ 《新编诸子集成·白虎通疏证》陈立、吴则虞，中华书局 1994 年版，第 55 页。

观射父可不可以不祭祀，观射父否决了他的念头："祀所以昭孝息民、抚国家、定百姓也，不可以已。"① 他接着陈述了祭祀的理由："是以古者先王日祭、月享、时类、岁祀。诸侯舍日，卿大夫舍曰，士、庶人舍时。天子边祀群神品物，诸侯祀天地、三辰及其土之山川，卿大夫祀其礼，士、庶人不过其祖。日月会于龙，土气含收，天明昌作，百嘉备舍，群神频行。……天子亲春禘郊之盛，王后亲缲其服，自公以下至于庶人，其谁敢不齐肃恭敬致力于神！民所以摄固者也，若之何其何之也！"② 观射父认为，祭祀不是皇帝的个人行为，皇帝的祭祀不仅教化万民、移风易俗，也向上天显示其虔诚，天下若想长久，祭祀这种回报上天和先人的神圣活动就不能停止。汉高祖也表达了这样的看法："今吾以天之灵、贤士大夫定有天下，以为一家，欲其长久，世世奉宗庙亡绝也。"

不论是早期的自然崇拜、祖先崇拜还是圣贤崇拜，以及民间方术和巫术，都为儒家丰富自己的理论提供了土壤。儒家作为重视礼乐教化和世俗伦理秩序的一派，要想完全超越那个时代是很困难的，放在时代的大背景下我们便不难理解儒家变化气质之努力。

那什么是礼乐文化？

首先，"凡人之所以为人者，礼义也。"

礼乐文化是人之所以为人的标志，是人在文明发展到一定阶段才发生的。礼乐文化的核心基础是人，是人光明的一面，向上的一面，良善的一面，是人和禽兽所区别开来的根据。

---

① 《国语·楚语》尚学锋、夏德靠译注，中华书局 2007 年版，第 289 页。
② 《国语·楚语》尚学锋、夏德靠译注，中华书局 2007 年版，第 289 页。

孔子曰："不学诗，无以言；不学礼，无以立。"

其次，礼乐文化本身就有惩恶扬善的作用，是对于人性当中恶因素的节制。

《礼记·坊记》中说："礼者，因人之情，而为之节文，以为民之坊者也。"礼能够让消极的情感得到抑制，也能够让积极的美好的感情得到发挥和扩散，礼主要是为了宣扬爱和尊重，把对于任何尊重，对于亲人的爱得体的表现出来，是礼的内在要求；同时把对于国君的敬畏表达出来，对于父系亲属的诚敬展露出来，也是礼的应有之义，也就是孔子所反复强调的："君君，臣臣，父父，子子。"

最后，礼是人与人之间相处的分寸感，这种分寸感需要从具体的外在仪式上来体现。礼是人与人之间的相处方式，但是它不是毫无节制和规范的，"仪"是礼的内涵，有利于培养人的恭敬心和正心诚意。直到西汉的时候，儒生仍旧以通古今为业，由于"儒家所问的，只是朝廷的仪式怎么样，贵族的继承条例怎么样，王国和侯国的典章如何不同，这一代和那一代的礼乐如何有别，祭祀鬼神、宴会宾客、聘问列国，以及冠、婚姻、丧葬等事应当怎样办"[1]，因此在朝廷举行祭祀之前皇帝都会向儒生询问祭祀的礼仪，为了确保祭祀合于古礼以及祷文的文辞优美，儒生也会出席一些大大小小的祭祀场合，以备顾问。汉高祖令曾任秦博士的孙叔通制君臣之礼，礼毕高祖大呼："吾乃今日知为皇帝之贵也！"[2]汉武帝在封禅一事上令诸儒："采《尚书》、《周官》、《王制》之文，草封禅仪。"[3]

---

① 顾颉刚：《汉代学术史略》，东方出版社 1996 年版，第 41 页。

② 司马光：《资治通鉴·汉纪三》，中华书局 2009 年版，第 128 页。

③ 司马光：《资治通鉴·汉纪十二》，中华书局 2009 年版，第 235 页。

礼和乐息息相关，正如《礼记·乐记》里面讲的："乐从中出，礼自外作。"礼是外部的行为规范，而乐是从上古先民流传下来的一种高级的情感表达方式。礼和乐的结合，并且逐渐的制度化、规范化，形成了中国历史上影响深远的礼乐文化。

礼乐文化从草创到最终形成经历了漫长的过程，尧舜开创了礼乐文化，商汤拯救时弊让礼乐文化重新复兴，而周公使礼乐文化真正系统起来，并且在国家制度层面进行落实，在他的努力下，周王朝从西部的一个小部落冉冉升起变成统治中国的先进王朝，让人民安居乐业，让远人纷纷来朝，这一切都和礼乐文化的安定及落实有很大的关系。

与夏代和商代所不同的是，周代尤其重视礼在政治生活中的作用。礼这种仪式化的事物应该有很早的起源，不过在周代人们所普遍奉行的礼仪都被认为是周公所作，而"制礼作乐"更被视作是周公还政于成王之前最大的功勋之一。此举不仅稳固了政权，也成为对于周王统治下的庶邦的有效团结方式。周代的礼乐制度虽然涵盖着大小各个方面，基本不出"五礼"的范围。五礼，就是吉、凶、军、宾、嘉，每一礼对应着相称的形式，在形式当中体现着周王室的尊严。在"五礼"当中，宾礼是使诸邦国和睦亲爱之礼，《周礼·春官·大宗伯》曰："以宾礼亲邦国，春见曰朝，夏见曰宗，秋见曰觐，冬见曰遇，时见曰会，殷见曰同，时聘曰问，殷觌曰视。"《礼记·曲礼下》曰："天子当宁而立，诸公东面诸侯西面，曰朝；相见于郤地曰会；诸侯未及期相见曰遇；诸侯使大夫问于诸侯曰聘；约信曰誓，涖牲曰盟。"根据礼书记载，邦国之间互相交好有宗、朝、觐、遇、会、盟、同、问、视等礼仪，都是为了勤王之事和诸侯邦交而设立的。其中，朝是尊王的大礼，由诸侯国君亲自到周天子所在地去拜访并进贡珍品和宝物，周天子也会给予赏赐，赏赐的物品不必贵重，而且不拘一格。诸侯王前来朝觐之后，周天子会派使臣前来聘问，作为回礼。记载西周聘礼情形的青铜器已经出土，铭文中讲述了周王室派的使者来到霸国，霸国国君尚恭敬的款待了该使者，不仅再三送上美玉和鱼皮予以慰劳，还举行了隆重的宴会进行宴请，使者离开之时，国君亲自将其送至远郊，又进献车马以示尊王。①

《左传》中明确了，礼的作用在国家层面是有"经国家，定社稷，序民人，利后嗣者也"的重大作用，但是礼乐到了春秋时期，尤其是孔子所在的春秋中晚期，逐渐式微了。

第二节　礼崩乐坏之乱世

然而平王东迁之后，国势不振，本来"尊卑有礼，各得其宜"的规范开始松动，危机和变革一起到来。仅以周王室及其诸侯国的关系而言，西周铭文中所见的诸侯国对于王室的尊崇在春秋时期已难觅踪影，据学者统计，《春秋》及《左传》二百四十二年间，记载诸侯国"朝王"仅四次，而天子派使者来聘逾十次，并常以厚礼相赠；不仅如此，小国朝见大国随处可见，另有诸侯国前往朝见霸主记载几十余次。被时人誉为"周礼尽在鲁矣"的鲁国，在这股潮流当中也没能独善其身。清人顾栋高在《春秋大事表·春秋宾礼表·叙》中叹曰："终春秋之世，鲁之朝王者二，如京师者一；而如齐至十有一，如晋

---

① 黄锦霞：《伯盂铭文考释》[J]，《国家图书馆馆刊》，2012年第5期。

至二十，甚者旅见而朝于楚焉。天王来聘者七，而鲁大夫之聘周者仅四，其聘齐至十有六，聘晋至二十四。"①

春秋时期是指平王东迁之后到三家分晋之间的历史时期。春秋的起点，史家无甚异议，而终点则有一定的争议。黑龙江大学的徐杰令教授将其总结为四说：一是鲁哀公十四年，即《春秋》一书终止的年份；二是周元王元年，司马迁《史记·六国年表》始于此年，郭沫若力主此说；三是周贞定王十六年，这一年三家分晋，金景芳先生持此论断；四是周威烈王二十三年，周威烈王承认韩、赵、魏三家为诸侯，司马光的《资治通鉴》即主此说。春秋上承西周，下接战国，是我国文化形成一重要时期。不仅是后世伦理思想之起源，也堪称孕育社会变革的沃土。这些打破的、塑造的、变革的、坚持的制度与精神，奠定了中国文化与制度未来的发展方向。

就像是童书业在《春秋史》里面所写的，"孔子所在的时代，是封建制度开始崩溃的时代，其时，中原各国不但政权落在大夫手里，而且大夫的家臣也有很多看了大夫的榜样，起来代行大夫的职权的。孔子的祖国——鲁国，变现这种趋势是最明显。季、孟、叔三大家臣都曾专政和据邑做乱。当鲁昭公伐季式的时候，事情已经快要成功，只因叔孙氏的家臣竭力主张援助季氏，结果竟把昭公赶出国去。后来季氏的家臣阳虎格外来得专横，甚至囚禁家主，威劫国军，结果偷盗了国宝，据邑叛变。又当孔子得势的时候，曾想毁坏三家的大邑，借此巩固公室，但是终究因为家臣起来据邑反抗。同时，王室大乱，天子蒙尘，而三家分晋，田氏代齐的局面已经成立。"

---

① 顾栋高：《春秋大事表》，中华书局 1993 年版，第 1561 页。

礼崩乐坏最重要的表现之一，就体现在会盟制度方面。因为朝和聘从其形式和内容来看，是平居无事之时才有条件实行的礼仪。如果周的天下不甚太平，就有会盟之礼。

1. 会盟之意及仪式

时见曰会，涖牲曰盟。会就是相约到一个地方会面，盟就是众人在神明的见证下进行约定，不仅要使用牺牲，还会记下约定的誓言，违背誓言的会受到惩罚。会和盟虽然是两种礼仪，却常常可以连在一起使用，一般是在天子巡狩、王命讨不庭或者会盟其实并不是周制的创新，《左传·哀公七年》："禹合诸侯于涂山，执玉帛者万国"可知会盟的历史可以追溯到夏代。同时，商代的甲骨文当中也能够辨识出"盟"字，字形做，像盤中放置牛耳，可见商代的盟誓已经在杀牲了。周代也沿袭了会盟之制，如《左传·昭公四年》所载："周武有孟津之誓，成有岐阳之蒐，康有酆宫之朝，穆有涂山之会"，都是西周时期天子所用会盟之制的佐证。孔子曾曰："殷因于夏礼，所损益可知也。周因于殷礼，所损益可知也"可谓是极其中肯的。

会与盟本是周代宾礼的应有之义。会就是王与诸侯、诸侯与诸侯相见；盟就是王与诸侯、诸侯与诸侯互相约信。会盟的意义就在于戮力同心、熙和天下。1965 年山西侯马盟书的出土，使得周代的会盟之礼更加具象化了。根据出土的盟书及《左传》等传世文献对于会盟的记载，以及包括郭沫若先生、张颔先生及陈梦家先生等史学家的考述，周代的结盟之法可叙列如下。

（1）请期

凡是会盟之前，先遣传令之人到各参与国确定具体日期。《左传·

隐公八年》记载："齐侯将平宋、卫，有会期。宋公以币请于卫，请先相见，卫侯许之，故遇于犬丘。"①

（2）告庙

确定了会盟日期之后，国君在临行之前要到祖庙中拜祭祖先，外事活动归国之后，也要先到祖庙中报到，无论外出还是归来，史官都会立于一旁并将此事书于简册。《左传·桓公二年》曰："冬，公至自唐，告于庙也。凡公行，告于宗庙，反行饮至，舍爵策勋焉。礼也，特相会，往来称地，让事也，自参以上，则往称地，来称会，成事也。"②

（3）贽见

贽见就是相见礼之意。《左传·定公八年》："公会晋师于瓦，范献子执羔，赵简子，中行文子，皆执雁，鲁于是始尚羔。"③ 相见礼的规格和品类是同参盟人员的等级相匹配的。

（4）用牲歃血

首先，"为载书"。即将盟辞编撰好，书写在石简或者玉片之上，被称为"载书"，侯马盟书出土的便是此类物品。载书不会只有一份，会根据实际需要有多个副本，方便多方保存。其次，凿地为"坎"。掘地为坎，杀牲于坎上。由盟主割牲之左耳，并将所流之血用盤盛住，盟誓各方都要微微饮血，以示诚意。用来宰杀的牲一般用牛，也有用鸡的，有《史记·晋世家》记载可知："智罃迎公子周来，至绛，刑鸡与大夫盟而立之，是为悼公。"④ 之后，"读书"，即将盟辞内容

---

① 杨伯峻：《春秋左传注》，中华书局 1990 年版，第 58 页。
② 杨伯峻：《春秋左传注》，中华书局 1990 年版，第 91 页。
③ 杨伯峻：《春秋左传注》，中华书局 1990 年版，第 1565 页。
④ 司马迁：《史记》，中华书局 2011 年版，第 1521 页。

昭明神灵和参盟诸方，然后便可以将载书放置于牲之上并掩埋起来。余下的载书副本由各方带回府库并妥善保管。①

以上便是会盟之礼的大概。依周礼规定，盟会只能是事关天下之利害，诸侯与大夫不可私会与私盟。然而通观《春秋》与《左传》，信手一翻，会盟之事比比皆是。宋代刘敞又曰："亟会盟，非礼也。"② 可见，平王自东迁之后，周对于其分封国的掌控能力是大不如西周之时了。

2. 礼崩乐坏的重要表现：会盟频仍

随着周室的衰微，春秋时期的会盟蔚然纷起。这时候的盟会，是有其时代特点的。春秋的盟会有事则会，主要可以分为"内安诸夏"和"外攘夷狄"两方面。讨不庭、定位和救患，是"内安诸夏"的主要内容。

《左传·襄公十六年》："于是叔孙豹，晋荀偃，宋向戌，卫宁殖，郑公孙虿，小邾之大夫，盟曰，同讨不庭。"诸侯有不臣天子之心，皆曰："讨不庭"。

《左传·昭公二十七年》："秋，会于扈，令成周，且谋纳公也。"诸侯王被出之后迎回，以及国君新立，可依靠会盟安定君位。

《左传·僖公元年》："秋，楚人伐郑，郑即齐故也，盟于荦，谋救郑也。"诸侯国有难，盟誓以相救。

春秋时期，由于国运不济，外患频仍。当时华夏与夷狄杂处，更

---

① 陈梦家：《东周盟誓与出土载书》，《考古》，1966 年第 5 期。
② 顾栋高：《春秋大事表》，中华书局 1993 年版，第 1614 页。

没有清代以来所谓的"边界"与"界碑"等领土观念，周王室常常受到强大起来的外族侵扰。除此之外，和夷狄交壤的齐、楚、秦、晋等大国，更是时常受到夷狄的进犯。

《左传·文公七年》："狄侵我西鄙。秋，八月，公会诸侯，晋大夫，盟于扈。"

虽说这个时期的会盟不脱讲信修睦的宗旨，其具体的形式、参与人员以及实际目的，都同时代的脉搏一起跃动。而会盟这一外事活动也对当时的贵族政治产生了影响，瓦解了周天子的权威，并使政治的权柄不断地下移。

盟会作为一种外事活动，本来是应当在周王的授意下才得以举行，而且盟会的目的只可谓公不可为私。然而，春秋时期，诸侯王已无心再为周王室奔波。鲁文公之前，会盟都是诸侯与诸侯之间的会面，派大夫出席盟会实属不知礼。

隐公元年	九月，及宋人盟于宿
隐公二年	秋，八月，庚辰，公及戎盟于唐
隐公三年	冬，十有二月，齐侯郑伯盟于石门
隐公四年	公与宋公为会，将寻宿之盟
隐公六年	夏，五月，辛酉，公会齐侯盟于艾
隐公七年	秋，宋及郑平，七月，庚申，盟于宿，公伐邾，为宋讨也
隐公八年	秋，七月，庚午，宋公，齐侯，卫侯，盟于瓦屋
隐公十年	十年，春，王正月，公会齐侯，郑伯，于中丘，癸丑，盟于邓，为师期
桓公元年	公及郑伯盟于越
桓公十一年	柔会宋公，陈侯，蔡叔，盟于折
桓公十二年	夏，六月，壬寅，公会杞侯，莒子，盟于曲池
	秋，七月，丁亥，公会宋公，燕人，盟于谷丘
桓公十七年	十有七年，春，正月丙辰，公会齐侯、纪侯盟于黄
庄公十三年	公会齐侯盟于柯

注：表格检索支持来自于"中国哲学电化计划"（简体版）

笔者统计了春秋初期这一段时期之内参盟人员身份的变迁。隐公、桓公二公基本上都是以诸侯会诸侯的形式。然而桓公之后，庄公在位之后的第二十二年就开始出现别国大夫与鲁国国君会盟的情况——"秋，七月，丙申，及齐高傒盟于防。"这是鲁史所明文记载的一国之君与大夫会盟的开始。

	诸侯－诸侯	诸侯－大夫
庄公二十三年	十有二月，甲寅，公会齐侯盟于扈	
闵公元年	公及齐侯盟于落姑	
闵公二年		齐高子来盟
僖公三年		公子友如齐莅盟
僖公四年		楚屈完来盟于师，盟于召陵
僖公七年		秋，七月，公会齐侯，宋公，陈世子款，郑世子华，盟于甯母
僖公九年	秋，齐侯盟诸侯于葵丘	
僖公十五年	三月，公会齐侯，宋公，陈侯，卫侯，郑伯，许男，曹伯，盟于牡丘，遂次于匡	
僖公十九年		冬，会陈人，蔡人，楚人，郑人，盟于齐
僖公二十六年		春，王正月，己未，公会莒子，卫甯速，盟于向
	诸侯－诸侯	诸侯－大夫
僖公二十九年		夏，公会王子虎，晋孤偃，宋公孙固，齐国归父，陈辕涛涂，秦小子懋，盟于翟泉，寻践土之盟
文公二年		夏，六月，公孙敖会宋公，陈侯，郑伯，晋士縠，盟于垂陇

从绘制的这个表格中就可以看出，庄公之后，参盟者地位不对等

的情形开始出现。除了齐桓公能够凭借自己的威势在葵丘之盟一匡诸侯之外，各方参盟的代表必须是一国之君的体制已经失序，大夫会诸侯也不再深以为耻，权臣开始展现其在政治上和国际上的影响力，比如楚国的屈完和鲁国的公孙敖及晋国的士榖，春秋中期开始，政在大夫的局面初见端倪。

春秋终其一世都有诸侯盟大夫、大夫盟诸侯的现象，并且之后还伴随着大夫盟大夫。自大夫与诸侯会盟开了风气之先之后，主政大夫相互会盟也是指日可待，这些贵族大夫的角色愈发重要。通观《春秋左氏传》一书，自政自大夫出之后，再提及周天子之笔墨可谓寥寥可数，春秋这一乱世，究竟是以德服人还是以力服人，显而易见矣。

宣公十二年	晋人，宋人，卫人，曹人，同盟于清丘，宋师伐陈，卫人救陈
成公十六年	十有二月，乙丑，季孙行父及晋郤犨盟于扈
襄公十四年	公使子蟜，子伯，子皮，与孙子盟于丘宫，孙子皆杀之
定公五年	乙亥，阳虎囚季桓子，及公父文伯，而逐仲梁，怀，冬，十月，丁亥，杀公何藐，己丑，盟桓子于稷门之内，庚寅，大诅逐公父歜及秦遄，皆奔齐

《春秋》中称"人"的，都是品级不低于大夫的官员。由上表可见，大夫与大夫盟会，是春秋中期到末期盟会的特色，各国的大夫擅自出来盟会，而且到春秋后期，参与会盟的国家越来越多，动辄八国十国，并且都由大夫主事，可见国内的政治也差不多由大夫这一级别的贵族所控制，国君的权力反倒是惶惶无所依了。

除了权力逐渐下降至大夫一级的贵族之外，国人也参与进会盟中来是春秋后期会盟政治又一大特色。在春秋中期之前，国人参与会盟的记载，没有一例。然而在鲁僖公二十八年之时，国人同盟誓首次联系了起来。这次的盟誓国人们并没有参加，然而《左传》描述了国人听闻此消息之后的态度："国人闻此盟也，而后不贰。"这不难看出，当时的国人对于政治已经有了自己的态度，同时他们的态度在当政者那里也具有分量。僖公之后，有国人参与的盟誓实在是不少，具体列表如下。

襄公二十五年	崔杼立而相之，庆封为左相，盟国人于大宫
襄公三十年	郑伯及其大夫盟于大宫，盟国人于师之梁之外
昭公二十年	秋，七月，戊午，朔，（卫灵公）遂盟国人
昭公二十二年	单子使王子处守于王城，盟百工于平宫
定公六年	阳虎又盟公及三桓于周社，盟国人于亳社，诅于五父之衢

由上可知，在春秋中后期，尤其是在公室衰微、卿大夫掌权的情况下，国人逐步成为不可忽视的政治力量。崔杼在建立自己的统治之后，首要就是与国人盟誓；郑国的大夫为了取得更多的支持，分别与国君、大夫和国人举行了盟誓，这正说明当时国人在政治中的分量提高了，而且已经是一个不可小觑的力量群体。关于国人的身份问题，也随着出土文书的发现以及各领域学者的辛勤研究，基本可以厘清了。20世纪六七十年代，在山西侯马与河南温县出土了一批春秋晚期晋国盟书。这些盟书在出土之时的形态就为研究人员所注意，是"圭尖方向一致、彼此靠近的"，不过这些圭板的材质有所不同，有的是石质的、有的是玉质的，玉质处在石质的下方，而且数量远远少于石质的。石质的圭板单薄易裂，很多都损坏了，但是玉质的圭板却都相对保存完好。基本上可以感受到，这次盟会是一次肃穆、镇定的仪会，参会人员拿着的圭板材质象征着其身份，身份高的首先走向坎将盟书放置其中，他们应该是侯或者大夫以上的人物，而手持石圭的代表着国人，他们也应邀参加了盟会，他们中有士、有百工、有家臣侧

室甚至有隶圉。① 由此可见，春秋中晚期参加盟誓的国人，他们要么处于贵族阶层的底端，要么就是平民或者贱民的身份，他们不代表某个派别的利益，就是来自各个阶层的一个个原子。他们单个的身份可能低下，独自的声音可能微不足道，不过他们凝聚在一起，就是一股贵族阶层不可忽视的力量。

总而言之，盟会的初衷是为了协同诸侯，然而春秋时期频繁的盟会本身也是包括周王室在内的各国信用沦丧的产物。春秋时期，不仅盟会的召集人由周天子下降到了诸侯大夫，盟会的参与者也从单纯的贵族扩大至士、庶人、家臣等个体，他们代表着一种新兴的政治力量，也塑造着崭新的政治秩序。贵族制度越发展越不如初创之盛，是与西周对于诸邦的管理模式分不开的，周初分邦建国，周是最大的邦。而他所分封下去的大小邦国，就像是周的复制品，不仅有经济的自主权，还有政治和军事的自主权。他们对于周的服从是建立在周的绝对实力的基础上，周所创立的"朝聘"制度也就是以"恩惠换忠诚"②的模式，即诸邦前来表示尊王，王给予赏赐。而后来王室衰微，能够给予的恩惠越来越少，诸侯的离心力增加，频繁的私会与私盟便屡见于史籍了。诸侯国内也是一样，尤其是诸夏国家，其境内的大夫都有相当的自主权，公室一旦衰弱，就是卿大夫之家主政的时机。因此春秋时期贵族制度的式微是和贵族之间互相争夺有关，也和分封制下诸侯离心有关。

会盟在春秋一代是十分有影响力的，几乎每年都有，甚至一年数

---

① 平势隆郎：《左传の史料批判的研究》，汲古書院1998年版，第395页。
② 李峰：《西周的灭亡：中国早期国家的地理和政治的危机》，上海古籍出版社2014年版，第58页。

次，会盟虽是为了协和邦交，进行到中后期已无君臣之实、上下尊卑之分。不过，以士为代表的国人在春秋后期越来越显示出强大的影响力，因此襄公九年知武子对献子说："我之不德，民将弃我！"通过国人参与的会盟，春秋末期的风气又为之一变。

第三节　礼崩乐坏与儒家救世思想

孔子也看到了这种崩坏，他在《论语·季氏十六》当中无比痛心地表示："天下有道，则礼乐征伐，自天子出；天下无道，则礼乐征伐，自诸侯出；自诸侯出，盖十世希不失矣；自大夫出，五世希不失矣；陪臣执国命，三世希不失矣。天下有道，则政不在大夫；天下有道，则庶人不议。"

孔子认为，礼崩乐坏最坏的表现形式之一就是僭越，过礼乐征伐只能够从天子出，现在诸侯可以越过天子随意征战，他们也在用和天子规格一样的礼乐，毫不敬畏礼乐文化对于整个社会有安邦定国的作用，是条理天地、总章万物的行为法则，因为它的根本性，让它显得无比重要；又因为礼乐基本上涵盖了先秦社会成文和不成文的方方面面，它是一个社会良好运行的标志，也是一个人在成为君子和小人上面的分野，所以它的瓦解和崩塌更加引人注目。尤其是以孔子为代表的儒家，作为社会的良心和守护者，对于礼崩乐坏的现实忧心忡忡，夜不能寐。

哪怕贤明如孔子，也不能够力挽狂澜于既倒，拯救大厦于将倾。到了战国时期，礼崩乐坏的局势继续一泻千里。清代学者顾炎武在

《周末风俗》中扼腕叹息道："如春秋时，犹尊礼重信，而七国则绝不言礼与信矣。春秋时，犹宗周王，而七国则绝不言王矣。春秋时，犹严祭祀，重聘享，而七国则无其事矣。春秋时，犹论宗姓氏族，而七国则无一言之矣。春秋时，犹宴会赋诗，而七国则不闻矣。春秋时，犹有赴告策书，而七国则无有矣。邦无定交，士无定主，此皆变于一百三十三年之间。"他总结了在短短一百三十年之间发生的巨变，对比春秋和战国时候可知，在春秋的时候，大家还葆有对于仁义礼智信等礼乐精神内核的尊重，可是到了战国，一切荡然无存；在春秋的时候，凡有祭祀征战等大事，各国尚且有所畏惧，会去都城面见周王，周全礼数，但是到了战国，大家眼里已经没有这个王，没有这个天下，只有自己的领土和利益；在春秋的时候，还讲些宗族情分，毕竟各个诸侯国，都是周王室的宗亲，血缘上的关系让他们不能够完全有恃无恐，可是到了战国，虽然血缘上还是宗亲，但是随着时间的推移和社会的变化，也逐渐显得没有那么亲近了，没有亲近就没有了情面，没有情面就意味着在利益面前没有底线。邦无定交，国无定主，礼崩乐坏的局面正式确立。

而正是这种局面下产生的儒家思想，天然就带有救世的抱负和情怀，以孔子为代表的儒家学者，希望以儒家思想和解决进路，给乱世以儒家式的立场和关怀。虽然从历史的现实来看，儒家思想产生的早期，包括孔子孟子乃至荀子在内的大儒，在现实政治当中都不甚得志，没有实现自己的政治抱负和主张，儒家所追求的贤人政治并没有在当时得以实现，是有深刻的现实原因的，但是正是因为现实的激荡和震颤，才使儒家思想有深度，有生机，有渊源，有生命力。所以理解儒家所处的时代，也对于理解儒家的现实努力，有重要意义。

第二章
先秦孝悌思想与人性论

第一节　孝悌观念的建立与崩坏

　　春秋战国时期对于孝的观念，有着鲜明的时代特征，总体来讲是以"亲亲""尊尊"为指导思想的。在一个传统的家庭里面，父亲或者父系的长辈有着绝对的权威，不仅能够决定家族的大小事情，包括子女的婚配等，还可以处置子女的人身自由和生命，有学者认为，君权就像是扩大了的父权。不过春秋战国时期，在很多事情方面，父权是高于君权，家庭是高于国家的，大概是因为父子关系是先天形成的，而君臣关系却是后天组织的结果的缘故——这种家庭伦理高于国家伦理的现象，大概是后世所不能够理解的，却是春秋战国之际孝观念的特色所在。这一时期的孝观念，还有着礼治高于法治的显著特点，当私人的孝行违背社会公义和国家利益的时候，法律为亲情网开一面是在时人看来十分自然的事情。

1.　父权至上

　　《白虎通》称中国历史上有一段十分蛮荒的时期，也是后来的儒家学者所诟病的"无君无父"时期——在这个似乎不短的时间段内，禽兽多而人少，人们都筑巢穴而居之，不知衣服，茹毛饮血，而且"只知其母不知其父"——虽然庄子极力赞扬了这一时期，认为这才是"至德之隆",是最好的时代,无论如何,这反映了中国的父系社会成立之前是有母系社会存在的,在母为长的社会中,子女以母亲的姓为姓,婚姻制度是男嫁女的制度,女性尊长对于家族事物有绝对的决定权。古书记载商人和周人的先祖都是"知其母不知其父"而生,其先妣都是感而受孕,仿佛有神明相助;中国最古的几个汉字也多是以"女"字为部首的,能够看出妇女在远古社会也曾经拥有着至高无上的地位,这种崇拜和地位或许是和女性有创造生命的力量息息相关的。① 随着生产力水平的提高,游牧文明发展至农业文明,穴居发展至室居之后,母系社会逐渐式微,以男性为主导的父系社会逐渐形成并稳固,最终成为中国传统社会正统的家庭形态。

中国的父系社会的人伦单位,包括"家"和"族"两个大的组织。家一般指两世或者三世同居的人口,包括祖父母,已婚儿子和未婚的孙子孙女。春秋战国时期,随着生产力的发展和人口的增多,家庭在逐渐扩大,已婚兄弟不与父母分家,仍旧同父母、祖父母及未婚的兄弟姐妹居住在一起已是普遍现象,如《论语》里面子曰:"出则事公卿,入则事父兄",孟子说:"壮者以暇日修其孝弟忠信,入以事其父兄,出以事其长上,可使制梃以挞秦楚之坚甲利兵矣"等言论都能够表明家庭的扩大和人口的增加,人口的扩大也是国家强弱的一个重要标志。逐渐增加的人口并没有分裂出足够多的新家庭,反而在原有家庭基础上逐渐扩大规模,说明当时父母兄弟共同生活是一种家庭组织的常态。为了更多地收取赋税和驱使人民服兵役,商君在秦国的变法专门针对这一现象颁布法令,法令规定凡是家里有两个以上儿子

---

① 伊·巴丹特尔著,陈伏宝译:《男女论》,湖南文艺出版社1988年版,第31页。

的平民并且不与父母分家的，要交两倍的赋税。后来有学生问朱子对于商鞅变法中"令民父子、兄弟同室内息者为禁"这一法令的看法，朱子认为商鞅的变法虽是针对周礼的繁文缛节而言，但终究损其太过，矫正得太过没有人情味了。

旧有家庭的扩大导致三世、四室同堂的家庭逐渐增多，父权得到进一步的强化，父权的行使者是家里最为年长的男性尊者，包括亲父、继父、嗣父、叔父等。族本指聚居的意思，后来父系社会确立之后指同一祖先的男性后裔。其亲属范围包括九族，到汉代的时候"九族"指的是什么其说有二：一说指从高祖到玄孙的男性后裔，一说是指父族四，母族三，妻族二，亲属团体当中是有明确的亲疏远近之分的，其中祖父母、父母和兄长为关系最亲，也是真正行使父权的人。

这一时期传统的家庭形态是父尊母卑的。如果是三世同堂的家庭，决定家庭当中的经济、祭祀、子女婚嫁的便是祖父，祖父死后家长权也不能够由祖母接管，而是由祖父的兄弟、父亲或者是同辈的兄长所负责，母系尊长一般情况下是没有统治家庭的权利的。父尊母卑的情况在服丧一事上也能够明显的看出来，如《礼记·丧服·斩衰三年》云："母则在齐衰，父则入於斩，比并不例，故问何以斩，不齐衰？"答云："父至尊者，天无二日，家无二尊，父是一家之尊，尊中至极，故为之斩也。"

父亲在家庭里有绝对的至尊地位，因此父亲去世，子女要为父亲服三年之丧；但是如果父在母殁，只需要服一年之丧。"《仪礼·丧服篇》曰："疏衰掌，齐牡麻绖，冠布缨，削杖，布带，疏屦，期者，父在为母。"《传》曰："何以期也。屈也，至尊在，不敢伸其私尊也。"后来武则天时代改为即便是父亲还在也为母亲服丧三年，后儒顾炎武在《日知录》中讥之为"见无二尊",认为这样的做法开了礼教沉沦的先河:"与其改作,不如师古,诸服纪宜一依《丧服》旧文,可谓简而当矣。奈何信道不笃,朝令夕更。至二十四年,从韦绍之言,加舅母堂姨舅之服。天宝六载,又令出母终三年之服。而太和、开成之世,遂使附马为公主服斩衰三年。礼教之沦有由来矣。"①

父权主要在于主持祭祀、嫁娶,还有教育和管束子弟的权利,一般来讲父亲对于子女的教养是十分严厉的,因此古书中常有"严父"的形容;母亲也同样具有鞠养孩子的责任,但是常常过于慈爱,被认为对子女的教养不利,因而时人有"慈母多败子,严家无悍虏"的说法。由此可见当时人对于子女教养的普遍看法是要多加威势,使其畏惧不敢犯禁,以免成人之后危害乡里和国家。同样的,如果子女忤逆父母,父母可以加以扑责。宋国贵族华费遂有两个儿子,华貙为少司马,华多僚为御士,华多僚与其兄交恶,乃向宋元公进谗言道他的哥哥暗中招纳逃亡之人,有篡逆之心,宋元公派人告诉华费遂要流放其长子的意图,华费遂叹息道:"必多僚也。吾有谗子而弗能杀,吾又不死,抑君有命,可若何?"随后便与宋元公密商在华貙外出打猎之时一举将他抓获。父系尊长还操持着生杀予夺之权,晋献公宠骊姬,骊姬想废太子申生立幼子奚齐,设计在申生献的祭肉中下毒,并向晋献公进谗言说是申生要毒死父亲意图早点即位,献公命人追杀之,太子申生自缢于新城,正所谓"父要子亡,不亡非孝。"又如,赵高、李斯矫诏赐死扶苏,收到使者来信之时蒙恬曾上前劝止扶苏不必急于听命,扶苏道:"父而赐子死,尚安复请!"也是一样的冤痛至极,但却难违父命。除了严厉的管教之外，父亲还有擅自处置子女生命的权力，比如著名的"易牙烹子"事件，因为齐桓公遍尝美味，唯独没有尝过人肉，于是厨师易牙便将自己的幼子杀害，做成一道肉汤献给了齐桓公。还有前文所提到的子文让其兄杀子的例子，也可以看出父亲是绝对有殴杀子孙的权力的，而且不必为此承担任何责任；而殴杀子孙的后果也极轻，有的时候会受到道义的谴责，有的时候甚至连谴责都没有。但是反过来，如果子女在日常小事上忤逆父母的意图，便会被视作不孝；如果害得长辈身体受伤乃至弑父弑母的，则绝对是大不敬的罪行了。

父母除了对子女有管束、扑责、处死的权力之外，还有出卖子女的权力。据《管子》记载齐国当时贫富不均，富者多衣食富足，而穷人则冻馁填沟壑，不足以养妻子和儿女，凶年饥岁的时候便卖子以自存①，或将儿女卖为奴婢，或将女儿卖给别人做妾，对于缺衣少食的饥民来讲，也能够从儿女身上获得一些资财。可见在父权至上的春秋战国时期，子女是作为父母的私有财产而被看待的，任意的处罚不会受到法律的制裁，而且子女可以反抗的余地是很小的，反抗也会使子女出于道德两难的境地当中，很多人难以抉择，慷慨赴死之后反倒给后世留下一个"愚孝"的恶名。

当时的社会普遍认同父权至上，但是人们已经对于不受限制的父权展开反思，有思想家认为在父与子的伦常关系中，不能够单方面的强调父权的优越性和绝对性，也要认识到作为尊长对于卑幼的不可卸却的责任。因此能不能够做好一个称职的慈父，要同一个人的政治品

---

① 李勉注译：《管子今注今译》（上、下），台湾商务印书馆股份有限公司 2013 年版。

格联系起来，如果一个人连慈父都做不好，是否对于君上忠心耿耿也会导致怀疑。比如管仲在病榻上告诫齐桓公要小心易牙，因为易牙对自己的生身儿子都十分残忍，这种杀子求荣的人究竟能不能够忠君实在大可怀疑。[①]

2. 不孝有三无后为大

在这个时期，婚姻对于一对男女来讲不仅仅是个人的事，而且是家庭的事、宗族的事，良好的婚姻也是孝的一部分，因为侍奉长上和延续子嗣是婚姻的两大目的。《昏义》曰："婚姻者合二姓之好，上以事宗庙，下以继后世。"可见婚姻的功能就在于为祖宗祭祀和延续后代，也是春秋战国时期的人对于婚姻的基本认识。由于古人相信人死后有知，所谓事死如生，因此孝子的任务不仅要在双亲还在的时候敬爱父母，使双亲奉养有主，还要在父母祖先即没之后，尽到敬享的义务。如果使祖宗成为无祀之鬼，便是大不孝了，是极严重的宗教后果。据《左传·宣公四年》记载："初，楚司马子良生子越椒，子文曰：'必杀之。是子也，熊虎之状，而豺狼之声，弗杀，必灭若敖氏矣。谚曰：狼子野心。是乃狼也，其可畜乎？'子良不可。子文以为大戚，及将死，聚其族，曰："椒也知政，乃速行矣，无及于难。"且泣曰："鬼犹求食，若敖氏之鬼，不其馁而？"

楚国司马子良的幼子相貌凶恶，其兄子文认为单看相貌就知道这个孩子长大后会败家辱国，招致灭族之灾祸。子良不以为然，其兄悲叹道以后整个家族将没有子孙供饭，连死而为鬼的祖先都要忍饥挨饿

---

① 李昉：《太平御览·人事部八十七》，商务印书馆 1936 年版。

了。除了侍奉逝去的先祖，婚姻还有一个重要的意义就是延续后代。因此当有人质疑舜事父亲甚孝，为何做出"不告而娶"这样不合礼制的事情，孟子认为舜是担心没有子嗣，所谓"不孝有三无后为大"，虽然舜不告而娶有违礼制，但是其主要是担心没有后代，总体来看也是为了全孝。婚姻的目的是为了祖宗嗣续，但是实际上无后或者无子的情况也有很多，如果是因为妻的原因不能够生育，嫁久无子的话，可以纳妾或者出妻；而对于一个人或者一个家族最大的耻辱和惩罚就是使其无后，周公的弟弟管叔欲为乱，周公诛管叔，古史称"管叔鲜罪大无后"："《北征记》引《晋太康志》，以管叔之后封于此，齐灭管，故其子孙仕齐。按《书》称'致辟管叔'，古史谓管叔鲜'罪大无后'。管夷吾出自周穆王，至夷吾始显，岂管叔之后耶。"[①] 可见已经是极其严厉的惩处了。

延续后代除了是对祖先的宗教追崇之外，在当时所实行的封建制度下，还有维持延续政治地位的作用。对于贵族来讲，官爵和封地是可以子孙世袭的，因而子孙越是繁盛的家族，越容易在政治上获得更大和更长久地影响力，比如春秋时期周的周、召、单等，齐国的崔、庆、陈、鲍，还有鲁国仲、叔、季三家，都是政治势力影响极大的公族，甚至能够左右国君的统治，王室和诸侯之间的冲突更是时有发生；相反的，没有子嗣的贵族或者国君就面临着百岁之后爵位不传的不幸境地，为了避免这类不虞之事发生，贵族们往往苦心求子。战国时期楚考烈王正是因为年老无子唯恐死后政权不稳，这种急迫的心理被身旁的佞臣看出，此人怂恿楚相春申君将怀有自己骨肉的女子献给

---

① 杨守敬、熊会贞：《水经注疏》，江苏古籍出版社 1989 年版，第 235 页。

楚王，最后春申君自己反招致杀身之祸。①

在春秋时期，公室和公室、公室和氏室之间还存在比较紧密的血缘、姻亲关系，君臣的名分还能够维持，即便是有了战争或者政变，也不敢过度的干犯。据近世学者的研究，春秋时期由于诸侯国之间的攻伐导致灭国的，有六十几个，但是大部分是以夷灭夏或者以夏变夷，"诸侯国相灭只占极少数，姬姓国相灭的例尤少。而在这少数的例中，晋国做侵略者的占去大半。再看列国的内部，大夫固然有时逐君弑君，却还要找一个比较合法的继承者来做傀儡。许多国的君主权柄固然是永远落在强大的氏室，但以非公室至亲的大夫而篡夺或僭登君位的事，在前 403 年晋国的韩赵魏三家称侯以前，尚未有所闻。"《左传》记载成王之时，曾经对分封的侯王提出希望，谓之："世世子孙无相害也"，这一训导在春秋时期对于姬姓诸侯仍旧有不小的制约力，骨肉情分仍旧是攻伐之时会考虑在内的因素；到了战国时期，由于世代逐渐增多，之前还能够充当政治伦理的亲缘关系也随着时间的推移越来越疏散，因此战国时期越来越频繁的大国凌迫小国之事便屡见不鲜了，更何况楚国和秦国的兵锋又是更不受这个君子协定牵制的实力。

3. 血亲复仇

不少文明的幼稚阶段都有着复仇的风气，希腊人、希伯来人、阿拉伯人、印度人都允许复仇。在美洲印第安人的传统当中，需要裁剪一小块布浸泡在逝者的血里，直到复了仇为止。美国人类学家爱德

---

① 司马光编著：《资治通鉴》，中华书局 2008 年版，第一册，第 135 页。

华·泰勒对于原始社会中的仇杀行为进行了研究，发现仇杀在人类文明的最开始阶段是经常发生的，为亲属的复仇更被视作是神圣的义务，带有宗教的悲壮性，反之不为亲属复仇会成为族人蔑视的对象。[①]

复仇现象在中国古代社会是否存在？中国梁漱溟先生曾指出，中国文化为一种理性的早熟，不仅有可以用于世的外王之学，还有美善合一的礼乐之教，礼乐之教的核心就是以德化民，以达到胜残去杀、使人心良善的教化作用。中国人看待世界的视角向来是有情的，君子之于禽兽尚且见其生不忍见其死，闻其声不忍食其肉——齐宣王坐于堂上，见下人牵牛而过以衅钟，内心十分不忍，命人以牛换羊，孟子因此嘉许了王的不忍之心，认为有这样的恻隐之心便能够行王政；《礼记·玉藻》曰："君无故不杀牛，大夫无故不杀羊，士无故不杀犬、豕。君子远庖厨，凡有血气之类，弗身践也。"说的就是君子虽然不必断绝肉食，但是平日里也要戒杀爱物，以葆有本来的仁者之心，否则把杀生的心扩充开去，从杀狗、猪就能够杀羊，从杀羊、牛就能够杀人。中国人一向是坚持慎杀的伦理观念的，对于动物尚且如此，更何况是杀人呢？

然而实际情况却是，杀人固然是不义的，但是如果杀的人是君父兄友就需要区别对待了，为父兄报仇被公认为是孝心的体现。也许恰恰是因为当时的人重情，亦或者是从上古因袭下来的一种坚韧的风俗制度，《周礼》也认可了血亲复仇，只是对复仇的度有一个规定，即

---

① 乔纳森·爱德华兹：《宗教情感》，生活·读书·新知三联书店 2013 年版，第 86 页。

复仇仅可以来往一次，不支持反复报仇互斗。① 除了规定复仇的度之外，《周礼》还规定可以为了避仇移居他乡，既体谅了孝子的心情，也是出于防范人民之间相互擅杀的考虑："或问复仇：古义也。"曰："纵复仇可乎？"曰："不可。"曰："然则如之何？"曰："有纵有禁，有生有杀，制之以义，断之以法，是谓义法并立。"曰："何谓也？""依古复仇之科，使父仇避诸异州千里，兄弟之仇，避诸异郡五百里，从父从兄弟之仇，避诸异县百里。"② 以上法条的规定，也足见当时私自报仇之普遍和当时人豪健的精神风貌。史书记载商君变法后，民"勇于公战，怯于私斗"，不难想见在秦国当中仇人相杀伤之类的暴行不胜枚举，除非严苛的法令制裁否则简直不能够禁止。《史记·楚世家》记载了在楚国发生的这样一件事，伍奢遭奸人所害，被捕入狱，长子伍尚对次子伍子胥说："闻父免而莫奔，不孝也；父戮莫报，无谋也……子其行矣，我其归死。"长兄为了替父受刑毅然自投罗网，而伍子胥则为了复仇逃往外国，可见当时替父报仇、为兄报仇不仅为孝悌之应有之义，连与中华文化不甚相像的楚文化也已经认同这点，可见这种观念的坚韧性，是不容易为后世所想见的。

礼从人情出发，认可血亲复仇；法则认为杀人者应抵罪。当伦理和法律相碰撞之时，起码在为亲属复仇这件事上，是法外施仁，法屈于礼，法在面对牢不可破的习俗和人心的力量之时，也是无可奈何。除了为亲属复仇之外，伦理上也不主张亲属之间的相互告发，对于子孙告发父兄之行为的批评尤为严厉。《论语》上记载了一则著名的事

---

① 孙诒让：《周礼正义》，中华书局 2013 年版，第 367 页。
② 荀悦：《申鉴注校补》，《时事第二》，中华书局 2012 年版。

例，楚国有人向官府告发父亲偷了羊，叶公认为这个人很是正直；孔子听后表达了他对于容隐之事的看法，即儿子不应当自动站出来告发父亲，这和父子主亲的精神是相背离的，属于贼害其亲的不义之举，不值得提倡，而孔子形容了鲁国所认为的正直的人，即"父为子隐，子为父隐，直在其中矣"。楚国远据荆楚，和诸夏的文化相差很远，而鲁国则是春秋时期最负盛名的礼乐之邦，尽管国力不是最强的，但于古礼保存的最为完好，因而亲属之间的容隐制度在鲁国应当是周礼的延续，是诸夏对于血亲犯罪的一种伦理共识。鲁庄公、闵公时期，在鲁国的政变中杀死两位国君的庆父，其罪行可谓使举国上下天怒人怨，其兄弟季友知道哥哥罪不容赦，在追讨庆父的时候有意降低了速度，《春秋经》褒扬为："缓追逸贼，亲亲之道也"，在面对这种叛国罪、危害国家社稷的罪行时，史书不仅没有责备季友，反而给予其极高的历史评价。这种家庭伦理高于国家伦理的裁断在后人看来是很难以理解的，也充分说明当时的人对于家国关系的理解。

前文已经提到人子入则事父兄，出则事君上，君上在政治上的威权就相当于父兄的一家之主地位，因此有人主张为君报仇按照为父报仇的规格来办理，这是从君臣关系的角度来为君上计的；但也有一部分学者从家庭伦理的角度出发，还是坚持认为儿子与父亲的关系不能够同臣子与君王的关系划等号，因为父子之间是天然的血缘关系，有骨肉亲情，是不可易的，但是臣子和君王的关系是后天的，况且从历史事实来看，一个臣子一生可以为不同的君主服务；然而春秋末期至战国，移孝为忠越来越成为不可抵挡的思潮和政治现实。除此之外，民众不仅可以为君主、父母、兄弟复仇，还可以为朋友寻仇以报，其复仇的对象只要是在五伦之内都不会被视为作恶，反而会被褒赞为义士，这无疑又助长了私自复仇的风气，甚至有人为了防范仇家后人上门寻仇就索性屠杀全家的。

战国的时候侠士和刺客之类的豪杰之士成为一个群体，贵族出资豢养他们或者以悬赏的方式招募，然后这些死士能够在需要的时候残身弃家，甚至当死则死，视死如归。世人都以为死是一件大事，可是对于先秦的人来说，面对一些约定俗成的道理，纵使舍生取义、杀身成仁，亦无所顾累。即便是印象中温文尔雅、不轻易言死的儒家圣贤，也说"志士仁人，无求生以害仁，有杀身以成仁。"[①] 孟子也说"生，亦我所欲也，义，亦我所欲也。二者不可得兼，舍生而取义者也。"[②] 先秦时代的圣贤尚且激昂如此，何况农夫、卒伍、乃至不学之士？后世那些服儒衣冠、口诵先王的儒者同先秦的儒者相比较，越来越大异其趣了。

第二节　孔子的孝道观与人性论

孝是中国文化的重要组成部分，也在中国传统道德精神中占有重要地位。孝在早期先民的人文认知当中不仅是亲属之间感情的自发流露，也包括对于已故祖先的缅怀与追思。孝还与天神、天命观相联系，敬天法祖也可以视作是孝的上达层面，如古语有云"仁人孝子事亲如事天，事天如事亲"是也。随着社会的不断演进，孝观念的不断

---

① 《论语·卫灵公》
② 《孟子·告子上》

加强，孝逐渐成为习惯法，中国古代社会伦理从一开始就打上了孝的深深烙印，并塑造着礼乐刑政等诸多政治、经济、文化形态。

孝在孔子之前，就已经是一个充分被发展的概念。周代以前的历史，由于年代渺远和史料的缺乏，要想知道全部的社会风貌可以说是茫昧难明的了，但是根据古代文献的记载并结合近些年来的出土文物分析，可以认定三代当中的夏文明风俗粗犷，孝的观念尚且处于十分蒙昧的阶段，史记夏朝第一位君主启曾经杀母求雨。禹传位给儿子启，启是夏朝的第一位君主，自此"公天下"变为"家天下"，上古之时传贤不传子的王位制度到此结束。夏朝之时天命神学占据主导地位，当时国君的主要职责一方面要维持朝政的稳定，还肩负着考察天象，养牺牲以供皇天上帝、四方之神、名山大川，为百姓及农业生产求雨祈福的职责。史称夏启在位之时，其国大旱，启恐有天央，便亲自做法事以求雨，《山海经·海外西经》记载如下："大乐之野，夏后启于此舞《九代》；乘两龙，云盖三层；左手操翳，右手操环，配玉璜。在大运山北，一曰大遗之野。"

这次的求雨并不成功，夏启又选了三名美女做牺牲以献祭天帝，依然没有带来降雨，于是启便杀了自己的母亲，并将她的尸体分解开来埋在四方的土地里，以期能取得上苍的垂怜。千年之后，屈原仍不能够理解贤王为何杀母，作诗慨叹道："启棘宾商，《九辩》、《久歌》。何勤子屠母，而死分竟地？"

虽然启是为了救济苍生而做法，但是以一身垂范天下的帝王都可以弑母，足见孝亲在夏建立初期远未成为不言而喻的伦理规范。不过这也显示了夏代的时候人们已经开始崇拜太阳、月亮、风雨、雷云等自然神，自然神的崇拜为演进至祖先神的开端，而祭祀对象的宗教化和伦理化正是和孝行孝德的产生密不可分的。

出土文献和金石刻词的屡有发现，是当今学术界的一大幸事。已出土的殷墟甲骨中没有发现"孝"字，而在已发现的甲骨文中的象形字和会意字也从侧面反映出殷朝之时的社会风俗粗犷，所谓"商人尚质"是也。东汉许慎的《说文》曰："善事父母曰孝"，以至于很多古文字学家将孝视作是会意字，像一位佝偻垂项的老人，因此孝应当是和敬养父母有关的。然而四川大学舒大刚教授历考已经发现的殷周金文，并在《〈周易〉·金文"孝享"释义》一文中指出，商器上没有发现"孝"字，在西周金文当中，"孝"字始见，而且自恭王之后方才累见，在已发现的字形当中，"'孝'和'考'字常常互用"[①]，"在已发现的30余器上，'孝'字都作'祭祀'之义。"[②] 成书比较早的《诗经》也同样用"孝"表示"祭祀"的意思，见于《小雅》、《大雅》、《鲁颂》等篇章，意为"毕恭毕敬地向神或先王行礼"，由此可见，"善事父母"应当是孝后起的含义。

据近代学人的考究，"孝"作为一种实践的行为是同原始的宗教祭祀活动尤其是祖先崇拜相联系的，在商人众多的祭祀对象当中，不仅有雨、山等自然神，还追崇祖先神。商人相信祖先都是血食的，在已发掘的商王殷墟祭祀坑中，有大量人殉和人牲的出现，人殉遗存当中不乏幼儿和未成年的青少年，一般为死后埋入，也有生殉的，或反捆手脚，或以刀割喉，或身首分离，骸骨狼藉，可谓屠杀之酷矣。而之所以这样残忍地对待生者、厚葬死者是有原因的，即认为祖先死后

---

① 徐复观：《中国孝道思想的形成、演进及其在历史上的诸问题》，《中国思想史论集续篇》，上海书店出版社2004年版，第146页。

② 舒大刚：《〈周易〉·金文"孝享"释义》，《周易研究》，2002年，第04期。

灵魂不灭，不善待祖先必有灾异——可见儒家后来所强调对于死者应当"慎终追远，民德归厚矣"，是有历史事实依据的，可以追溯到遥远的、极其古朴的历史源头。

孔子从不轻许以仁，然而却曾在《论语·微子》当中盛赞殷有三仁："微子去之，箕子为之奴，比干谏而死"，正是对于这几位贤人的施仁重义、温仁有礼而言的。商周之际，子弑杀父兄的罪过已经为道义所不容，以周灭商为例，商的最后一位统治者纣王平日里的统治昏聩糜烂，人怨沸腾，诸侯们请求讨伐，武王曰"未可"，认为虽然殷的最高统治者暴虐，但是仍有贤良的父兄作为仁义的表率，国家还不至于全然丧失了希望。直到纣王枉杀王子比干，囚禁叔父箕子，弃绝人伦，武王才决意兴兵讨伐："武王以礼信，文王死九年，天下八百诸侯皆一旦会於孟津之上，不言同辞，不呼自来，尽知武王忠信，欲从武王与之伐纣。当是时，比干、箕子、微子尚在，武王贤之，未敢伐也，还。诸侯归二年，纣贼比干，囚箕子，微子去之。刳妊妇，残朝涉，武王见贤臣已亡，乃朝天下，兴师伐纣，杀之。"[①] 虽然史称武王伐纣为天命使然，但是从武王伐纣的时机来看，处在民众最愤恨其君上杀父兄的无道举动之时，可谓是顺天应人。由此可见在商末周初之时，孝亲、尊兄的伦理观念已经有了广泛的社会基础，并且成为一种相对稳定的价值取向，反映在政权上就是民心的向背。王国维在《殷周制度论》中说："中国政治与文化之变革，莫巨于殷周之际"，孝思想的形成和演变也是如此，在这个阶段，孝的观念逐渐从一种自发的情感朝后来的伦理化、政治化的发展而去，并成为礼乐精

---

① 袁康著、吴平辑录：《越绝书》，上海古籍出版社 1985 年版。

神的重要内核之一。周人立国的时间据推算应当在夏朝式微之时或者商朝初期，在太王之时国力日隆，始有翦商之志。到了文王在位之时，天下土地尽归西周者三分有二，文王大功未成身先死，到武王之时东征伐商，破纣于牧野，周人战胜殷人，天下初定，武王践天子之位。武王做天子后三年而崩，继位的武王之子成王尚且年幼，于是武王之弟周公股肱周氏，辅翼成王，诛管叔，放蔡叔，平定了三监之乱和殷人的反叛，周朝的天下始定。周公东征胜利之后，就在殷人的故墟洛邑建立了东都，称为"成周"，意为"周业既成"，东都由周公留守。周人虽然兴起于文化落后的西方，然而并非只有强盛的军事实力，也十分注意吸收先进的文化，正如有学者所考证出的，周王朝"其吸收文化的力量也很不弱，所谓'周监于二代，郁郁乎文哉！'连孔子也不得不'从周'。从近代出土的西周器物来看，西周的文化确已胜过殷人。"①

周人不仅着力吸收先进的文化，而且将这些吸收来的文化大刀阔斧的落实在制度层面。周公建定东都之后，制礼作乐，定"孝、友、睦、姻、任、恤"为民众的六种美好的行为操守，特定不孝为乡八刑之一："一曰不孝之刑，二曰不睦之刑，三曰不姻之刑，四曰不弟之刑，五曰不任之刑，六曰不恤之刑，七曰造言之刑，八曰乱民之刑"，其中不孝之行为八刑之首，周公提倡的孝悌之道，因于习俗，本于人情——人子出生之日，即是父母受苦之日，而父母生养儿女，总是极尽亲爱怜惜，但是儿女不能尽子道者总是不乏其人。因而尊亲敬长、孝养父母的观念早在制礼作乐之时就已经被贯彻其中了，并且从人心

---

① 童书业：《春秋史》（校订本），中华书局 2012 年版，第 35 页。

落实在制度层面。

由周开始确立的、后来成为一种统治秩序和社会秩序的宗法制度和封建制度，都和孝的思想息息相关。所谓事父曰孝，事兄曰悌，宗法制度是以宗子的绝对统帅权为标志的，而宗子对于其他子孙的统帅权就是父权和兄权的延伸，宗法组织本质上是以父统子、以兄统弟的制度。在这种制度下，服从是子弟对于父亲和兄长的基本义务。大宗统率性地位的确立是同周实行嫡庶制开始的，据王国维考证，殷商之前没有嫡庶制，商人的王位继承父死子继者有之，兄终弟及者有之，而以弟及者为主，因此兄弟争立之乱时有发生；传子之制实自武王始，周公没有继其兄而自立，反而立其兄之幼子，从周公开始父死子继便成为周人正统的继统制度。由父死子继的继统制度衍生出嫡庶之制，即天子只有嫡长子才有资格继承，其他的儿子都没有资格继承王位；没有继承王位的儿子可能能够受封建国，也可能被封在畿内立家。[1] 除了天子之外，周代的诸侯王和卿大夫的职位也是嫡长子世袭制，没有能够受封的庶子便因此逐步被推向更下一级的阶层，平民中有不少人的先祖就是贵族，西周时期的宗法社会就是这样逐步形成的。在宗法社会里，从天子到士，可以视为是一个大的家族，其地位的高低由同宗主的远近而定，因此史书记载有平民曾在遇到危险之时，情急之下大呼："此谁非王之姻亲"，也并非没有道理。此事出自《国语》："阳人不服晋，晋侯围之，仓葛呼曰：'此谁非王之姻亲，其俘之也！'晋侯闻之，曰：'是君子之言也。'乃出其民。"[2] 虽然宗法

---

[1] 张荫麟：《中国史纲》，上海古籍出版社 2006 年版，第 57 页。

[2] 俞正燮：《癸巳类稿》，《续修四库全书》，第 1159 册，子部，杂家类，影印本，上海古籍出版社 2002 年版。

制度在秦以后逐渐被郡县制所代替，然而宗法和封建制度下形成的浓厚的亲亲、尊尊的氛围，仍是历代儒家所心心念念的理想制度。

之前已经提到子孙侍奉长上应当以恭谨孝顺为主，而既然国家是扩大了的家族，对于君上自然应当忠君尊上、孝友温仁；也有学者认为忠君尊上也出于感恩之心，因为那些立于朝堂的卿士大夫所获得的地位、尊荣都有赖于先人的积累，尊亲敬长也在一方面是为了感念先辈泽被子孙的功德。宗法制和封建的确立使家庭伦理扩大到国家伦理，家庭秩序和国家秩序成为息息相关的共同体，后儒所明的齐家治国平天下之理，也是由此而来。

概览《论语》全书，孔子论孝，有的时候是没有对话对象的，大概是孔子对于弟子的训导，比如：

子曰："三年无改于父之道，可谓孝矣。"① 或者子曰："父母在，不远游，游必有方。"②

以上是孔子对于孝子提出的具体要求，即父母还在世的时候要顾念父母，不可云游太远，即便是一定要远游，也让父母知道自己的去处，孔子的意思就是孝子要时时刻刻体味父母的心情；除此之外，孔子还特别提出要坚持三年之丧，不要在父亲故去之后就轻易的更改之前的规矩和政策。

有时候夫子论孝也为应答弟子和时人践行孝道有感而发，比如：

子游问孝。子曰："今之孝者，是谓能养。至于犬马，皆能有养；不敬，何以别乎？"③ 或者是子夏问孝。子曰："色难。有事弟子服其

---

① 《论语·里仁》
② 《论语·里仁》
③ 《论语·为政》

劳，有酒食先生馔，曾是以为孝乎？"①

回答子游和子夏问孝的时候，孔子评议了当时所普遍的孝——就是赡养父母、供给衣食，但是孔子显然认为这样做是不够的，因此他反问道这样就算是孝了吗？真正的孝应该是对长辈和尊者发自内心的敬重，当时的人在孝的态度上还是做得很不到位的。诚敬的态度不仅表现在侍奉饮食和日常的起居方面，还表现在言谈之中。当人子和尊长的意见发生不一致的时候，晚辈应当怎样做呢？孔子认为一般情况下要以顺从为主要的态度，因此在孟懿子问孝的时候，孔子对他说"无违"，表示无违应当是子女侍奉父母的基本态度，如果父母有了过错，子女是可以婉言劝谏的，如果父母不听，也不要再强谏了。因此子曰："事父母几谏，见志不从，又敬不违，劳而不怨。"诚敬和顺从是子女和父母的日常相处之道，即便是父母不听从自己的建议，也不要违逆和心生不满。

虽然在《为政》篇当中记录孔子直接讲孝的地方是最多的，但是不难看出孔子在《为政》中言孝，不是特指统治者，他对统治者言孝，也是对于当时的一切人而言的，具有普遍意义。孔子是特别注意将孝和礼相结合的，《为政》中孔子对在位者谈孝，就是针对当时的三家僭越，子逐君、逐兄自立的种种乱象有感而发的。后来有人问孔子为何不为官，子曰："《书》云：'孝乎惟孝，友于兄弟，施于有政。'是亦为政，奚其为为政？"即是道出了孝美政和美俗的作用，也婉转地讽刺了当时政治上僭越的乱象。

总而言之，孔子讲孝虽然不是大篇幅的，但是孔子对于孝的认识

①《论语·为政》

也已经完整地表达出来了。孔子认为，孝绝不仅仅是同时代人所认为的奉养衣食，还要真正的尊敬父母并且当父母有过错时，语气柔和的建言。父母在世的时候，凡事要顺承父母的眼色来，不可云游无际让父母担忧，也不可毁伤自己的身体让父母受辱。孝还表现在祭礼上面，父母去世之后还应当恭谨的进行丧礼，不可轻慢。同时，孝在教化方面也是美政和美俗的重要方面。

首先，孝是诸德之始。子曰："弟子入则孝，出则弟，谨而信，泛爱众，而亲仁。行有余力，则以学文。"可见出孝入悌是对于童蒙的基本教诲，小孩子和年轻人都应当了然于胸的，虽然孔子一生的教育中都在不断回答怎样践行孝的问题，那是因为孝是一种终身须臾不可离的德行，并不是诚不可及的。

子贡问曰："何如斯可谓之士矣？"子曰："行己有耻，使于四方，不辱君命，可谓士矣。"曰："敢问其次。"曰："宗族称孝焉，乡党称弟焉。"曰："敢问其次。"曰："言必信，行必果，硁硁然小人哉！抑亦可以为次矣。"曰："今之从政者何如？"子曰："噫！斗筲之人，何足算也。"

子贡问夫子怎样才能算得上是"士"，夫子认为能够出使各国，不辱使命的人才算是一个合格的士，那么次一等的就是在乡里和家中能够入孝出悌的人。钱穆先生认为夫子此言的意思是孝悌的人有德未必有才，能够担当起国家使命的人是孝悌之人中的少数。从这里也可以看出来，孔子没有将孝悌置于"行己有耻，使于四方，不辱君命"之前，而是放在居中的位置，表明孔子理解的孝是比较平实的，也是符合当时的实际情况的。正如钱逊先生所指出的："把这两段联系起来看，可以说孝是修身为人的起点、基础，但非至善的目标。这也是孔子在回答弟子关于对士、君子的要求的问题时很少提孝悌的原因。"

其次，孝是仁的重要内容。孔子之教，以仁为核心，孔子之学，又可以称作是"仁学"（徐复观语）。孝并没有被孔子所大篇幅的强调，唯有有子曰："孝为仁之本与！"这代表了弟子对于孝的理解，孔子本人并没有这样讲。孔子兼论仁与孝是在和弟子宰我的对话当中，宰我试图短丧，将三年之丧改为一年之丧，孔子曰："子生三年然后免于父母之怀。……予也有三年之爱于父母乎？"对于试图不守三年之丧礼的宰我，孔子评价道"不仁"。由此可见，孝是孔子所讲仁的重要的方面，是做一个有仁德的人必不可少的品质。仁的涵义在孔子那里是十分广大的，乃至孔子本人都不敢以仁自居，只是说"若圣与仁，则吾岂敢"，夫子的三千弟子，或问仁，或以仁为己任，无不汲汲以求仁。仁是孔子思想体系的核心，然而孔子对于弟子从不轻许以仁："仲弓、子路、冉求、公西华，皆孔门高弟，而不轻许以仁。颜回庶几之材，亦仅称其三月不违仁而已，盖仁之难也如是。"[①] 孔子对于古之人称之为仁人的，有伯夷、叔齐、微子、比干、管仲等数人而已，可见标准之高。孔子谈到管仲，虽然认为管仲是小器，但还是认可了管仲襄助齐桓公成就霸业的成就，而且对保存华夏文化免遭夷狄侵扰有功，认为管仲是仁人。因此反过来说，能够孝的人未必是仁人。

孝在孔子那里并没有提得特别高，也远没有成为治国平天下的万能法则的原因是什么？考察先秦时候的意识形态，不难发现孝在春秋时期已经是普世的伦理标准，为各家所强调，也是世人的共识，是很

---

① 谢无量：《中国哲学史》，中国人民大学出版社 2011 年版，第 66 页。

基本的家庭伦理和做人道理。虽然春秋时期"礼坏乐崩",但是仅仅是对于礼作为天子管辖诸侯工具的衰落,并不是指社会伦理的全面衰落,孝在春秋时期的伦理中还是有着深厚的群众基础的,不孝为五辟之属之首;不孝还是政治失德的重要表现,史书记载周襄王不能敬事后母,其被推翻时的罪名便是"不孝之罪":"五辟之属,莫大不孝。周襄王不能事母,《春秋》曰:天'王出居于郑。'由不孝出之,绝之于天下也。宗庙重于君,陛下不可以承天序,奉祖宗庙,子万姓,当废。"① 孔子弟子三千,虽仅有闵子骞被夫子称赞为"孝",曾子以善事其父闻名于世,但是根据有子、曾子、子路等人的言行来判断,孔门三千弟子虽不见得都能够为政,但是都能够入孝出悌应该是没有什么问题的:"孔子弟子七十,养徒三千人,皆入孝出悌,言为文章,行为仪表,教之所成也。墨子服役者百八十人,皆可使赴火蹈刃,死不还踵,化之所致也。夫刻肌肤,镵皮革,被创流血,至难也。"②

孔子的人性论是十分平实的,没有特别的玄妙之处,他对于人性的认识有时候说"性相近,习相远",有时候道"唯上智与下愚不移",后儒便有人争论孔子对于人性的认识要么是有善有恶的,要么是无善无恶的。不管孔子对于人性的认识究竟是善还是恶,孔子对于孝的理解也包含在他对于人性的理解当中,肯定了孝在人心中有自发性和自觉性特点。

但是孝在孔子那里不是先天的,也不是不学而能的,但也不失为一种自然感情的流落。因而在孔子所提倡的诗礼之教当中,孝也是礼

---

① 袁枢:《通鉴纪事本末》(全十二册),中华书局 1964 年版,第 163 页。
② 刘安:《淮南子》,商务印书馆 1936 年版。

的重要内容之一。尤其是葬礼和祭礼，最为孔子所重视。孔子将这种情感同为政联系起来，认为有孝心的人就像是在推行一种善政，虽然他们也许离庙堂很远，但是也有移风易俗的强大力量。故当时有人问孔子为什么不为政，夫子曰："《书》云：'孝乎惟孝，友于兄弟，施于有政。'是亦为政，奚其为政。"不是所有人都能够从政的，但是有了孝的品质，最起码可以齐家了。儒家是十分注重上位者的德化作用的，如果人民有了过错，一方面在于其自身，另一方面统治者也有着不可推卸的责任，他们的责任就在于教化未施或者不能够扬善禁恶于前，不能够禁恶归根到底还是因为统治者或者君子没有做好示范的缘故。孔子虽然将孝同政治联系起来，认为孝是加强政治道德修养的重要一环，但是孔子没有移孝为忠，反而在有些统治者试图将孝亲的心移作忠君之用时，孔子明确了孝亲和忠君是不同的，孝亲对于人子来讲是绝对的义务，是与生俱来的骨肉联系，一开始就有伦理上的合法性；但是君臣的义务是后起的义务，君主若想要臣子尽力效忠，变要从正己做起，君臣的关系不是绝对的。总而言之，论语中的孝，基本上是在基本的家庭伦理和做人道理的意义上来谈的，只有《学而》篇有子谈孝的那一章，才直接把孝和不犯上做乱直接联系，将孝同忠联系起来。

第三节　孟子的孝道观与人性论

先秦儒家孝道源于三代，形成确立于孔子，丰富、发展于孔门后学。儒家的孝思想在汉代充分发挥了其治世功能，"孝治天下"和

"举孝廉"的管理选拔制度说明孝悌思想实现了由传统家庭人伦思想向社会政治思想在理论上的完成。汉儒又提出"三纲"的口号，同时孝行和孝德也对汉代法律起着深刻的影响。隋唐五代时期，"不孝"是臭名昭著的十恶之一，而有孝义之人则会被列入正史中进行褒扬。宋元明清之时，对孝行孝德的推崇达到了顶峰，不仅有相关题材的小说、戏文等通俗文学的演绎，各省的通志、府志、县志都有专卷专门收录孝友、节义、烈妇、独行等，皆详悉有体；同时饥民"烹子疗饥肠"等骇事也赫然被记录在案。

然而孝在传统中国社会越受尊崇，受到的抨击便有多大。五四运动之际，陈独秀发表《孔子之道与现代生活》，批判孝、慈等传统伦理限制了人性的解放，不顺应时代的潮流；胡适在《每周评论》上发表一首名为《我的儿子》的诗，写到："将来你长大时，这是我所期望于你：我要你做一个堂堂的人，不要做我的孝顺儿子。"

20世纪30年代，出现了一批有志于继承并重构传统儒学的学者，这就是后来学界所命名的现代新儒学。其中贺麟、马一浮、徐复观等人撰文对"孝"这个儒家核心概念进行了再解释并对其有一个回应。马一浮认为孝为至德要道，在心为德，行之为道，德是人人本有之良知，道为人人共由之大路。孝是人之所以为人之基本原则，因此礼乐教化皆从此出："故六艺之教，总为德教；六艺之道，总为孝道。"

徐复观于1959年写成《中国孝道思想的形成、演变及其在历史中的诸问题》一文，整体回应了五四时期知识分子对于孝道的批判。他承认忠孝合一是孝思想在其演变过程中的最大流弊，因此五四知识分子对其批判和否定是必要而正确的，但是忠孝合一仅仅是《孝经》

当中的思想，与孔孟思想不合。

20世纪80年代之后，随着儒学研究的复兴，对孝思想的研究在研究方法、范围和深度上都不断拓展和深化，尤其是新的地下资料的挖掘和海外流失古籍的回归，为更系统全面的考察先秦孔孟孝思想提供了千载难逢的机遇。这一时期，系统研究先秦孝悌思想的著作集中问世。1991年康学伟完了其博士论文《先秦孝道研究》，这应该算是大陆第一部全面考察先秦孝道产生、发展与衰微的专门著作；次年，台湾文津出版社出版了林安弘的《儒家孝道研究》，重点考察了秦汉以前的儒家孝道思想；2007年学者王长坤的《先秦儒家孝道研究》，系统考察了孝道伦理化、政治化的发展脉络，并梳理出孔子、孔子后学到《孝经》的演变脉络。

除了以上关于孝思想的通论之外，在文字训诂、思想史、社会史等领域，也有不少学术成果，有补于孔孟孝思想的研究。臧振《蒙昧中的智慧——中国巫术》一书中研究了"巫"的产生与演变历史，同时书中解析了夏启杀母求雨一件事，可以为理解早期社会对于孝的观念提供一个研究角度。雷海宗在《中国家族制度》一文中，特别讨论了中国家族制度的缘起和衰微，并指出孝道同三年之丧有特别密不可分的关系，而在当时提倡并积极推进三年之丧的只有儒家一家，并且在文中指出"孔子虽然重孝，但把孝创为一种宗教的却是战国儒家，尤其是曾子一派"，这个观点对于本文尤有启发。特别是前段时间学者对于"亲亲相隐"反复辩论和再批判中，许多名儒和学者都对该问题发表了各有侧重的申述，其中梁涛教授经过反复研究，特别是结合地下出土文献，提出儒家内部曾经存在过一个"重孝派"的观点，重孝派"他们将孝置于仁之上，使孝取代仁成为其思想的最高概念，调

44

整了孔子以来对于仁与孝 关系的理解和看法，使儒学理论出现重大曲折。而孟子早期恰恰受到重孝派的影响，其思想中宣扬宗法孝悌的内容，可能同他早期的经历有关。但随着'恻隐之心，仁之端也'之'四端'说的形成和提出，孟子一定程度上又突破了血缘宗法的束缚，改变了以孝悌 为仁之本的看法，把仁的基点由血亲孝悌转换到'恻隐''羞恶''辞让''是非'等更 为普遍的道德情感中去，完成了一次思想的飞跃。"钱逊先生在《对〈论语〉中"德"的理解》一文中提出："从《论语》看，在这两类德中间，孔子重视忠信重于孝弟，重视共同一般的德重于各别人伦的德。"也注意到了孔孟在对于孝的主张有不尽相同之处。

通过查阅文献、参考专家学者研究成果和了解最新的考古发掘成果，尤其是郭店楚简等一大批先秦文献的出土，儒家从孔子到孟子确实有一个不小的发展已经成为学界的共识。之前偶见的《论语》、《孟子》比对性研究，受到了近人的注目，综其大致，有不少创新之处，也使本文的写作有博采各家之说的机会，不过本文中所资取的多引前儒之说，兼偶采近儒之宏论。至于研究方法上，则采用思想史的研究方法，充分注意与当时的社会环境进行互动。本杰明·史华慈曾提出思想史的中心课题就是"考察人们对于他们本身所处环境自觉的回应"。学者王宝峰将其解释为：就是通过回到研究对象所处的历史情形和整个社会存在（包括经济的、政治的、社会的等）来复还思想家最本真之思索及其在当时应得之理论地位。古者乐正以《诗》、《书》、《礼》、《乐》为四教以教国子，孝为人伦之始，其教相沿，其后孝的观念仍为诸子所强调，墨家讲兼爱百姓，儒家讲君臣上下、夫妇父子，亲疏有别。儒家以为有人伦便有亲疏，有亲疏之别则家国不至于乱也，因此齐景公问政，孔子认为一国之治乱安危全系在"正名"，即"君君、臣臣、父父、子子"，上下各安其位，国家自然能够平治。《论语》中孔子讲孝的地方很多，对于不同的对象回答也不一样，有的时候孔子与同时代人的看法是不同的；《孟子》中讲孝的部分更系统，而且是建立在孟子人性善的理论基础上的，是其理论大厦上的一环，由于所处的时代背景和学术体认的差异，孟子对于孝的理解与孔子有一些不同，孝在孟子思想中占的理论地位和分量也更显得厚重。

孔子死后，儒分为八，除子夏全乎六经之外，诸子都或多或少的取孔子学说的一部分来承继、宣扬之。作为孔子后学，孟子之学出于曾子、子思之儒，是儒家最重孝道的一派，因此从孔子到孟子，关于孝的观念不是原封不动的继承的，不是静止的。因此可以认为，"孝"这个先秦重要的人伦范畴，是一直在变动之中的，并且和儒家对于人性的看法有紧密的关系。

孟子谈孝，有一个清晰的理论逻辑。首先，孟子谈具体行孝的方式，总结起来也就是守身、繁衍后嗣以及养亲和尊亲。比如："事，孰为大？事亲为大；守，孰为大？守身为大。不失其身而能事其亲者，吾闻之矣；失其身而能事其亲者，吾未之闻也。孰不为事？事亲，事之本也；孰不为守？守身，守之本也。"①

除了养生是孝的重要方面，送死更是孝的重要表现，因此孟子从人情出发，主张厚葬亲属和恢复三年之丧。

"盖上世尝有不葬其亲者，其亲死，则举而委之于壑。他日过之，狐狸食之，蝇蚋姑嘬之。其颡有泚，睨而不视。夫泚也，非为人泚，

---

① 《孟子·离娄上》

中心达于面目。盖归反蔂桸而掩之，掩之诚是也。则孝子仁人之掩其亲，亦必有道矣。"①

孟子厚葬母亲，弟子认为孟子为母亲办的丧事过于华美；而孟子则道出他对于丧礼的看法，为故去的亲人办丧事的初衷就是要"尽于人心"，从爱亲的角度出发就要为自己的亲人把丧事办好，孟子这里没有讲办丧礼应当符合礼制，而是说应当在自己力所能及的范围内为亲人做到最好，故曰"君子不以天下俭其亲"，和孔子克己复礼办丧礼有很大的不同。

孟子认为，亲亲的情感是自发的、天赋的，因此人性本善，因为孩提之童就知道亲爱父母和尊敬长辈，孟子认为孝悌是支持性善论的有利证据。孟子将孝同治民和强国以及仁政结合起来，并进行了大段的理论论证，这样的论证随处可见，简要列举两条，比如：

"地方百里而可以王。王如施仁政于民，省刑罚，薄税敛，深耕易耨。壮者以暇日修其孝悌忠信，入以事其父兄，出以事其长上，可使制梃以挞秦楚之坚甲利兵矣。彼夺其民时，使不得耕耨以养其父母，父母冻饿，兄弟妻子离散。彼陷溺其民，王往而征之，夫谁与王敌？故曰：'仁者无敌。'王请勿疑！"②

孟子将孝的意义扩展了，认为能够孝的人就有治国齐家平天下的可能。而且孟子认为"尧舜之道，孝悌而已矣"——是孔子所没有明确表示的，孔子曾经称赞过尧舜的功业和禹的孝行，但是没有说上古的圣王之道"孝悌"二字就完全涵盖了，但是孟子认为，即便是极度

---

① 《孟子·滕文公下》
② 《孟子·梁惠王上》

美好的政治，也不出这二字。由此可见，孝的思想发展到后来，变成一个无所不包的体系，也是不足为奇的。跟孔子相比，孟子凸显出了孝的意义，并且孝悌连用，将孝悌的意义提到了很高的地位。

孔子孟子和荀子都认为对于父母的口体之养是非常重要的，但是孟子认为，对待父母更高一级孝顺就是"养志"。

春秋战国时期，一般的观念认为能够饮食供奉父母，不使父母兄弟冻饿便可谓孝。同时代的观念一样，孔子、孟子也都认为以衣食供养父母是最基本的孝，是最初层次的孝，为了实现这个初层次的孝，爱身和守身是十分重要的。

《论语》	《孟子》
孟武伯问孝。子曰："父母唯其疾之忧。" "一朝之忿，忘其身以及其亲，非惑与？"	"好勇斗狠以危父母，五不孝也。" "事，孰为大？事亲为大。守，孰为大？守身为大。不失其身而能事其亲者，吾闻之矣；失其身而能事其亲者，吾未之闻也。"

孔子和孟子都认为事亲的一个基础就是要保存好自己的身体，否则无论怎样都是没有用的。因此孝子在日常的一言一行当中，都应当恭敬和谨慎，时刻想到自己有着尽孝的义务，就不应该放纵自己去做一些危险的事情，否则便有不能够全孝的危险。《吕氏春秋》记载，孔子在鲁国的战场上看见了一个逃兵，便上去问话，逃兵回答说家中还有老母，所以不敢奋不顾身，自己命不足惜，唯一担心的便是老母得不到照顾，孔子听后很是动容，觉得他是一个孝子。孟子更是充分认识到了"守身"的重要性，因为守身是孝亲的前提和保障，因此他说守身是最重要的。除了尽力的奉养父母的衣食和日常的起居之外，孔子和孟子都对世俗所认为的孝提出了更高的要求，孔子认为在养父

母的基础之上还要保有诚敬之心；孟子认为养口体太过于简单了，还应该"养志"。

《论语》	《孟子》
子游问孝。子曰："今之孝者，是谓能养。至于犬马，皆能有养；不敬，何以别乎？"	"惰其四支，不顾父母之养，一不孝也。""曾子养曾晳，必有酒肉。将彻，必请所与；问有余，必曰'有'。曾晳死，曾元养曾子，必有酒肉。将彻，不请 所与；问有余，曰'亡矣'，将以复进也。此 所谓养口体者也。若曾子，则可谓 养志也。事亲若曾子者，可也。"

子游问夫子怎么样才能够被称为孝，夫子先是肯定了世俗所谓的"孝"，但是又进一步的警发道，侍奉双亲当有诚敬之心，而不仅仅是简单的供养衣食。① 后儒以为真正做到以身行道的就是王季的世子文王，文王每日朝见父亲三遍，鸡初鸣的时候就起身，站立在父亲的寝门之外，问内侍官父亲是否安好，如果回报说"安好"，便安心的回去处理自己的事情，如果回答道"不安好"，便整天愁容满面；中午、晚上的问安复如是，日复一日，勉力事亲，不敢有丝毫懈怠。②

孟子以不养父母口体为最浅显、最不应该违背的不孝。养父母的口体是人人都应该能够做到的，于是孟子又提出了更高层次的孝，即"养志"。曾子侍奉父亲曾晳的时候，每顿餐饭必有酒肉；父亲用过餐后曾子把食物撤去，还请示父亲道剩下的食物要赠给谁，如果父亲想把剩余的酒菜送给别人，不管还有没有饭曾子都会回答有，以顺着父亲的愿望，不忍伤了父亲的心。③

① 朱熹：《四书章句集注》，中华书局 1983 年版。
② 欧阳询：《艺文类聚（全四册）》，中华书局 1965 年版。
③ 朱熹：《四书章句集注》，中华书局 1983 年版。

孟子认为曾子侍奉父亲的方式就是"养志",而何谓"养志"?《吕氏春秋》记载曾子曰:"和颜色,悦言语,敬进退,养志之道也。"意指孝子侍奉尊者应当面色和气,言语轻柔,进退须肃静谨慎,不可有丝毫的轻慢,就是"养志"了。

《论语》	《孟子》
	孟子曰:"不孝有三,无后为大。舜不告而娶,为无后也。君子以为犹告也。" "男女居室,人之大伦也。告则不得娶。男女居室,人之大伦也。如告,则废人之大伦以怼父母,是以不告也。"

前面已经提到,春秋战国时期,繁衍子嗣确实成为孝的重要层面,但是在《论语》里面,孔子没有提及。《孟子》着重强调了这一点,并且将夫妇之伦提到了显著的位置。

除了对父母亲的赡养之外,后辈应当充分尊重长辈所固有的权威,并且做到父子之间不责善。

春秋战国时期是父权至上的时代,所谓"家无二主",父亲在家中有绝对的权威,父权也包括了母权,这样的权力分配决定了在对待父母的态度方面,服从和谨行是第一位的,一般情况下,不要忤逆父母的意愿,即便是生死存亡的大事,父要子死,哪怕是父亲一时昏聩糊涂,子也不得不死。卫宣公宠爱小儿子,便在公子集子的必经之处设下埋伏设法除掉集子,集子的兄弟闻风赶忙来报信想要制止他前行,集子凛然拒绝了兄弟的好意,表示父命难为,还是要慷慨赴死,父亲的意志在子女的心中就大到这种地步,即便是有所冤屈也必须要前去复命的。集子的孝心让人唏嘘叹息,然而如果父母有了过错,也要不由分说的听从吗?孔子和孟子对此的态度是什么?

《论语》	《孟子》
子曰："事父母几谏，见志不从，又敬不违，劳而不怨。"	孟子曰："夫章子，子父责善而不相遇也。责善，朋友之道也。父子责善，贼恩之大者。夫章子，岂不欲有夫妻子母之属哉！为得罪于父，不得近，出妻屏子，终身不养焉。其设心以为不若是，是则罪之大者。是则章子已矣！" "惟顺于父母，可以解忧。" "天下大悦而将归己，视天下悦而归己，犹草芥也，惟舜为然。不得乎亲，不可以为人；不顺乎亲，不可以为子。舜尽事亲之道而瞽瞍底豫，瞽瞍底豫而天下化，瞽瞍底豫而天下之为父子者定，此之谓大孝。"

大概是见了不少父命难违的事例，孔子认为，完全顺从父母的意愿，也未必算是真正的孝。眼见父母有过，与其使尊长犯更大的罪，不如犯颜而谏，虽然父母会不高兴，但是总不至于酿成大过。但是要特别注意谏言的方式方法，当父母有过错之时，孝子可以稍微的、柔声的向尊长进言；但如果遇上尊长强颜不认的情况，孝子也应当有愉色和婉容的接受父母的怨气："然而'从父之令'，今看孔子说，却是不孝。须是知父之命当从，也有不可从处。盖'与其得罪于乡党州间，宁熟谏'。'谕父母於道'，方是孝。"①

如果直言的太过，惹得父母生气的时候，子女是会被社会认为是不孝的，孟子所处的时代依旧如此。与孟子同时代的匡章责备其父亲所做的一些事，或许是方法过当，激怒了父亲并被父亲所驱逐，官府判令匡章终身不得尽孝养的义务。世人皆称匡章不孝，而独有孟子力排众议，与之交友。弟子不解，孟子解释道匡章的行为并非出于对父亲的恶意，他的本意还是好的，直接定性为"不孝"对他来讲有些冤

① 黎靖德编：《朱子语类》，《大学一》，中华书局 1986 年版，第 267 页。

屈。不过孟子也批评匡章处理父子之间关系的方式不太妥当，有谏诤过当之嫌。孟子认为，责善是朋友之间才能够做的事情，朋友有过，点醒他迷途，尽情地言其过错也无妨；但是父子主亲，孝子应当时刻顺承父母颜色，不必一定要较出个锱铢是非来。司马光上太后及帝疏曰："皇帝圣体平宁之时，奉事皇太后，承顺颜色，宜无不如礼。若药石未效，而定省温清，有不能周备者，亦皇太后所宜容也。孔子曰：'孝哉闵子骞。人不间于其父母昆弟之言。'盖言诚信纯至，表里著明，而它人不能间也。孟子曰：'父子责善，贼恩之大者。'盖言骨肉至亲，正当以恩意相厚，不当较锱铢之是非也。伏望皇帝思孔子之言，皇太后无忘孟子之戒。"反倒时常因为责善，伤了父子、父母之间的恩情，落下个不孝的罪名，实在是不值得。孟子虽然为匡章鸣了不平，但孟子认为稍微的谏言是可以的，不主张子弟犯颜进谏，最高层次的孝就是像舜一样，哪怕是看到父母的过错，看破了也要能忍则忍。舜的父亲宠爱稚子，常欲杀舜，舜看出父亲和弟弟每日以杀己为事，但依旧顺事父、后母和兄弟，没有怨气和怒气，为孟子所称道，曰"惟顺于父母可以解忧"，称赞其为"大孝"。孟子在父子两代的关系方面，更强调"顺从"，舜那样的就是孝顺的极点了。

《论语》	《孟子》
叶公语孔子曰："吾党有直躬者，其父攘羊，而子证之。"孔子曰："吾党之直者异于是，父为子隐，子为父隐，直在其中矣。"	桃应问曰："舜为天子，皋陶为士，瞽瞍杀人，则如之何？"孟子曰："执之而已矣。""然则舜不禁与？"曰："夫舜恶得而禁之？夫有所受之也。""然则舜如之何？"曰："舜视弃天下犹弃敝蹝也。窃负而逃，遵海滨而处，终身欣然，乐而忘天下。"

父子亲人之间不责善还有一个重要表现就是容隐，表现在法律上就是"亲亲相隐"。既然子女直言父母的过错会被认为不孝，那么如

果父母犯了法，子女应当如何是好呢？《论语》中记载了一则小对话，叶公说楚国有一个人很有正义感，说出了自己父亲偷羊的罪行。孔子回答道，我们鲁国正直的人和你们不太一样，我们是"父为子隐，子为父隐"的，我们称赞的正直的人是那种顾忌父子之间的私情，不揭发至亲罪行的人。这个道德选择虽然是后人所很难理解的，但在当时是十分理所当然的，孔子认为楚人不必站出来证父。孟子的门人也给孟子出过这样一道难题，他假设舜的父亲瞽瞍杀人，而舜为天子，问孟子舜当如何是好。孟子的答案是皋陶可以把舜的父亲抓了去，因为法官的职责是秉公办事不可徇私；然后舜可以丢掉王位，偷偷背着父亲逃到一个极远的地方去，这样礼法和人情都照顾到了。舜明知道父亲犯了法，他没有责备父亲，反而为了父亲抛弃了天下大位，孟子认为这才是孝子的极致。孟子的回答为学生解答了疑惑，却被后儒苏辙诟病为"此野人之言，非君子之论也"。

孔子称赞过他的弟子闵子骞孝，对于他心目的圣王和贤者，他交口称赞他们为仁人；而在孟子那里，他心目中的圣王是孝到极致的人，孟子言必称尧舜，而尧舜正是这样的圣王。

除了这些极端的例子，长辈在掬养和教育后辈的时候，训斥和偏袒等情况时有发生，太过于溺爱不利于子女日后形成严肃恭敬的人格，太过于严肃则伤害骨肉亲情，让父子疏远。因此对于晚辈的教育方法上面，孔子主张这种教育应当是诚敬而又不失威严的，教育的关键是无偏无党，孟子则主张"易子而教"，也是遵循父子不择善的原则。在父权社会里，父亲家庭中的传统形象是十分威严的，孔夫子也不例外。《论语·季氏》中记载了夫子与其子孔鲤的一个生活的片段，有一天夫子独自伫立在庭院里，鲤极其谨小慎微的从父亲面前快走而过，"趋过庭"，孔子问曰："学诗乎？"对曰："未也"。又一天，孔子游独立在庭院里，鲤又"趋过庭"，孔子问曰："学礼乎？"对曰："未也"。后来鲤退而学诗礼。[①] 后陈亢评论道："君子远其子"。这件事情中一是可以看出在传统家庭中子对于父的诚敬的态度，也能够看出礼制是要求父子之间有一定距离的，子对于父亲来说始终处于卑下的位置，而孔子又是极端重视礼的，父与子之间亲亲又不失敬畏的心态在孔子与鲤那里就显得尤为突出。而孟子主张的父子不择善，主要的考虑就是父子之间应当保持着诚敬的尊敬，不要过于亲昵，不仅有利于父亲在家中树立长久的权威，同时也防止父亲在教导子女的时候不能够制怒，伤了父子之间的亲情。

亲人死去之后为亲属所做的一系列表达哀痛和追思的事情也是孝的重要表现。这一系列的事情包括根据与死者关系的亲疏远近确定丧服和除丧时间，祭祀，安顿尸体和前来吊唁的人，送葬，下葬，什么时候该捶胸，什么时候该顿足号哭，都是有严格的礼制的。在服丧期间，孝子需要保持悲戚的丧容，服丧的衣服坏了也不必修补，过年过节的时候只能弹素琴。

实行丧礼和丧葬制度的原因也应当是本于人情，是向逝去的人表达哀痛的方式，这是春秋战国时期一般人的共识，儒家主张厚葬久丧，墨家认为疲敝人民，主张薄葬短丧。在丧礼的长短上，孔子和孟

---

① 朱熹：《四书章句集注》，中华书局 1983 年版。

陈亢问于伯鱼曰："子亦有异闻乎？"〔亢，音刚。○亢以私意窥圣人，疑必阴厚其子。〕对曰："未也。尝独立，鲤趋而过庭。曰：'学《诗》乎？'对曰：'未也。''不学诗，无以言。'鲤退而学《诗》。〔事理通达，而心气和平，故能言。〕他日又独立，鲤趋而过庭。曰：'学礼乎？'对曰：'未也。''不学礼，无以立。'鲤退而学礼。〔品节详明，而德性坚定，故能立。〕闻斯二者。"陈亢退而喜曰："问一得三，闻《诗》，闻礼，又闻君子之远其子也。"〔远，去声。○尹氏曰："孔子之教其子，无异于门人，故陈亢以为远其子。"〕

子都主张三年之丧。

《论语》	《孟子》
宰我问："三年之丧，期已久矣！君子三年不为礼，礼必坏；三年不为乐，乐必崩。旧谷既没，新谷既升，钻燧改火，期可已矣。"子曰："食夫稻，衣夫锦，于女安乎？"曰："安。""汝安则为之。夫君子之居丧，食旨不甘，闻乐不乐，居处不安，故不为也。今汝安，则为之！"宰我出。子曰："予之不仁也！子生三年然后免于父母之怀。夫三年之丧，天下之通丧也。予也有三年之爱于其父母乎？"	孟子曰："不亦善乎！亲丧，固所自尽也。曾子曰：'生，事之以礼；死，葬之以礼，祭之以礼，可谓孝矣。'诸侯之礼，吾未之学也。虽然，吾尝闻之矣：三年之丧，齐疏之服，飦粥之食，自天子达于庶人，三代共之。"

孔子力主三年之丧，一为恪守古礼，是礼乐精神的体现，二为报答父母养育之恩，从移风易俗的角度来讲的。在《论语·阳货》篇中，孔子的弟子宰予欲短丧，孔子没有教导说先王之道不可废云云，而是说宰予连父母的三年推干就湿之恩却没有感激之心，对于父母薄情至此，让人心寒，是从人情的情感方面来训导的。

孔子在的时候，三年之丧还是存在着的。到了孟子之时，三年之丧应该已经不传很久了，孟子也只是听说过。不过孟子也是主张三年之丧的，而且在丧礼上应当是极尽悲哀之情。在对待安葬亲人和丧礼上面的态度，孔子和孟子有显著的不同。

《论语》	《孟子》
子曰："居上不宽，为礼不敬，临丧不哀，吾何以观之哉！" 林放问礼之本。子曰："大哉问！礼，与其奢也，宁俭；丧，与其易也，宁戚。"	"君子不以天下俭其亲。" 孟子曰："盖上世尝有不葬其亲者：其亲死，则举而委之于壑。他日过之，狐狸食之，蝇蚋姑嘬之。其颡有泚，睨而不视。夫泚也，非为人泚，中心达于面目。盖归，反蘽梩而掩之。掩之诚是也，则孝子仁人之掩其亲，亦必有道矣。"

除此之外，孔子还认为孝子生应当尽其孝，丧应当尽其哀。不仅在丧礼中应当穿着怎样的服制是礼的体现，哀伤的态度也是丧礼的应

有之义。

孔子除了反对"不哀",也反对过分的哀伤,要止乎礼义,不失性情之正,不可任由性情来而无尺寸之度。孔子一直汲汲于克己复礼,在对待丧葬之类的大事之时,也从未放任个人感情而做出不合礼的事情。颜渊一向视夫子犹如自己的父亲而且是夫子最喜爱的弟子,孔子知道他的死讯十分悲伤,"哭之恸"。门人请求为颜渊厚葬,夫子制止曰:"不可",以为家贫反而厚葬,不合古礼。门人最终还是决定厚葬颜子,颜子的父亲请子之车以为棺材的外椁,夫子当时年约七十,虽已不在大夫之位,但尚从大夫之列,因此以"吾从大夫之后,不可徒行"婉拒了颜路的请求,原因是逾越了礼制,和颜子的地位不相符合。根据《礼记·檀弓上》:"天子之棺四重,诸公三重,诸侯两重,大夫一重,士不重",颜子是不应该有外椁的,因而夫子没有答应。孔子病重之时,早已不在大夫之位,没有家臣,子路使门人为臣,虽然是一片好意,出于尊师之心,但是仍旧被夫子斥责为"欺天",因为子路想以臣之礼葬君,为的是荣显老师,但是僭越之礼一向是孔子所深恶痛绝,因此孔子痛斥之。[①]

孔子葬母也是极其谨慎的。孔子的母亲故去之后,孔子将其母埋葬在防山,依据古礼挖一个洞穴埋葬了母亲,没有在上面堆土,称之为"墓而不坟"。后来孔母的坟被暴雨冲毁,弟子修缮之后告诉夫子,夫子流涕道:"吾闻之,古者不修墓",[②] 有责怪弟子不守礼之意。以

---

① 杜预注、孔颖达疏:《春秋左传正义》,北京图书馆出版社 2003 年版。
② 马端临:《文献通考》,新兴书局 1965 年版。
孔子葬母于防,称古墓而不坟〔师古曰:"墓谓圹穴也,坟谓积土也。"〕,曰:"丘,东西南北之人也,不可以弗识也。"为四尺坟,遇雨而崩。弟子修之,以告孔子,孔子流涕曰:"吾闻之,古者不修墓。"盖非之也。

上事例，足见孔子终身以礼度自守的志向。

孟子除了尊三年之丧礼之外，主张为亲人的丧礼尽可能的丰沛，以寄托自己的哀思，似乎孟子认为越是厚葬越爱自己的亲人。孟子更是常从情的角度讲孝亲和厚葬的道理。墨子学儒家之学，但以为儒家的礼法过于繁复，厚待死者又使生者贫困、疲敝，因而一反周孔之道，主张薄葬。墨者夷子前来与孟子辩论，孟子说之前确实有一段不埋葬亲人的历史，在那个时候，亲人死在山陵就葬在山陵，死在河泽就葬在河泽，没有人深凿高垄以安葬亲人，也没有人觉得有什么不好。直到有天孝子经过至亲的尸身，见尸体腐败并被苍蝇之类的东西咬噬，心中大惭，立即将亲人的尸体掩埋。

孟子认为，孝子仁人当以亲亲为重，应当竭尽全力事亲之意，不过话虽如此，真正殷盛开来，无疑会助长士大夫之家、巨商大贾竞相奢靡之风，天下之大，恐会有害政俗；况且礼虽然本于人情，但是节俭有度也不失为礼的重要精神。孟子将厚葬的归于至亲的"不忍之心"，但是有导致治丧没有节度的危险。由此看来，孟子跟孔子比起来又更加重情，情有浅深，本来略略带些就能够表意，太过重情便容易悖礼。因此当时有人发现孟子为母亲办丧事的时候丰备，而被父亲办的丧事简约，后丧逾前丧，薄于父而厚于母，诟病孟子不知礼："仓谓：孟子母丧用事丰备，父丧用事俭约。父母皆己之所亲也，其丧用事有厚薄者，此孟子所以不知礼义也。故云礼义由贤者出，而孟子之后丧逾前丧，君无见焉。"[①]

---

① 赵岐注、宋孙奭疏：《孟子注疏·梁惠王章句下》，上海古籍出版社 1990 年版，第 361 页。

春秋战国时期，孝悌忠顺为人道之常已经成为各家各派的共识，世人都认可忠孝为是，奸逆为非。① 孔子之前的舆论中，孝和忠还没有成为密不可分、完全可相互置换的一对概念。对父母的孝能够推广到事君上的忠，不仅因为当时的社会是事行分封制的宗法社会，国实际上就是各个小家构成的，周天子是最大的家长，而且在当时人看来事君和事父有诸多共同之处，有学者认为，君权实质上是父权的延伸。② 父亲是一家之主，有统帅家庭的权力，肩负着祖宗的祭祀和教养子弟的责任；国君为一国之主，有统帅一国的权力，也是主祭天地神明及祖先的主祭人，肩负着祭其父祖，协和万民的重担。

《论语》	《孟子》
定公问曰："君使臣，臣事君，如之何？"孔子对曰："君使臣以礼，臣事君以忠。"	"君之视臣如手足，则臣视君如腹心。君之视臣如犬马，则臣视君如国人。君之视臣如土芥，则臣视君如寇雠。""贼仁者谓之贼，贼义者谓之残。残贼之人，谓之一夫。闻诛一夫纣矣，未闻弑君也。"

"忠"在《论语》里出现了十六次，其中有言及政事的，比如：季康子问："使民敬，忠以劝，如之何？"子曰："临之以庄，则敬。孝慈，则忠。举善而教不能，则劝。"③ 还有一大部分是讲述为人处世之道的，比如：樊迟问仁。子曰："居处恭，执事敬，与人忠。虽之夷狄，不可弃也。"④ 不难看出，"忠"在孔子的语意和语境当中，不仅指忠于统治者或者一个合理存在的政权，还有一个重要的方面就

① 杨家骆主编：《韩非子集释》，世界书局 1991 年版。
② 瞿同祖：《中国法律与中国社会》，商务印书馆 2011 年版，第 7 页。
③ 《论语·为政》
④ 《论语·子路》

是指忠人之事。就像曾子时常告诫自己的"为人谋而不忠乎",就是指要摒弃自己的私心,尽力为别人谋划一件事——如果知道火是会灼伤人的,就不应只说火是热的;如果知道鸟喙能致人死亡,就不应只说它是有害的[①]——要把别人托付的事情当作自己切身的事情来办,随便谩应别人,也是不忠。孔子以四教:"文,行,忠,信"。"文行忠信"是孔子教育的主要内容,这里的"忠",就是指把别人交付的事当作自己的事来看待、办妥,对于朋友也好,对于君主也好,都是如此。当时国家和君主的含义未分,很多人把事君等同于爱国,针对这种国家和政府不分的认识,孔子曾经亟辨之。孔子的弟子子路问如何事君,孔子回答道:"勿欺也,而犯之。"意思就是人臣事君,不可以事事逢迎,要敢于说真话、犯君上颜色,才算是好的臣子。然而如果数次谏诤而不听,君主自专其事,则臣子可以去位,或者另寻其他的贤主。孔子是主张"臣事君以忠"的,但是道合则留,不合则去,如果君主不能够使臣以礼,那么便不必再执着于这个政治。孔子为鲁司寇摄相事,把鲁国治理的很好,齐人为了败坏鲁国的政治,便送了几十名面容姣好又能歌善舞的女子给把持鲁国朝政的大夫季桓子,季桓子耽于女乐数日不听国政,孔子见鲁国的国政荒殆如此,便离开了鲁国;卫灵公问夫子军旅之事的时候,孔子不对,第二天便动身离开。孔子的"忠"并非忠于某个君主——比如他是鲁国人就要忠于鲁君,也不是死守于某个政权,即便是暴政也要誓死捍卫——孔子的忠是得君行道,是在其位则谋其政,是以道事君,有过则谏,不可则止。那么暴君是可以被推翻的吗?《论语》一书中没有明示,但显然

---

① 黎靖德编:《朱子语类》,《论语第六》,中华书局 1986 年版,第 401 页。

孔子认为"臣弒君"是不对的，因而季氏后人在问怎样才能被称作"大臣"的时候，孔子列举了自己的弟子，并且认为虽然自己的弟子在为臣子方面还没有做到最好，但是"弒父与君，亦不从也"，既是对于季氏在鲁国乱政的批评，也是提出他所认为的臣子的底线；否则也不会作《春秋》，明君臣上下之分，拨乱反正，使那些无君无父的乱臣贼子感到惧怕；史书记载夫子年老之前建言的最后一件大事便是请求哀公伐齐，也正是为了弒君之事请讨："孔子请伐齐，以弒君之事讨之。当时哀公能从其请，孔子必有处置，须使颜回使周，子路使晋，天下大计可立而遂。孔子临老，有此一件事好做，奈何哀公不从其请，可惜。"后来苏东坡写了一篇《武王非圣人》的议论文，认为武王在事君的时候便有不臣之心、翦商之志，虽然是结束了殷暴虐的统治，但其改朝换代的方式是通过弒君完成的，故苏子揣测孔子评价武王"武尽美矣，未尽善也"里面的暗语为，武王不及尧舜；而伯夷叔齐不满武王弒君，耻于食周粟，最终饿死，孔子称赞两者为仁人，这一正一反，苏子认为这又是孔子含蓄的怪罪武王之处："武王非圣人苏子曰：武王非圣人也。昔孔子盖罪汤、武，顾自以为殷之子孙而周人也，故不敢，然数致意焉，曰："大哉，巍巍乎，尧、舜也！禹，吾无间然。"其不足于汤、武也亦明矣，曰："武尽美矣，未尽善也。"又曰："三分天下有其二，以服事殷，周之德，其可谓至德也已矣。"伯夷、叔齐之于武王也，盖谓之弒君，至耻之不食其粟，而孔子予之，其罪武王也甚矣。"[1]

同孔子一样，孟子不认可无条件的追随一个君主，他又更近了一

① 苏轼编：《东坡志林》，中华书局 1981 年版，第 201 页。

步，认为如果一个君主是不称职的，是可以废黜甚至是可以诛杀的。他认为只有良好的政治才是值得出仕的，而判断是否是良好政治的标准就是根据君主的言行，如果政见相合，又受到应有的礼遇，便可以仕则仕；如果君主不能够礼遇臣下，臣子是可以辞官而去的，不必死守暴君和暴政的。就像孟子对齐宣王所直言不讳的："君之视臣如手足，则臣视君如腹心。君之视臣如犬马，则臣视君如国人。君之视臣如土芥，则臣视君如寇雠。"① 这段话中孟子的言辞是十分犀利的，他的犀利之处在于他不是站在君王的立场而言的，而是站在臣子和人民的立场上而言的。孟子认为，并不是因为君在君的位置，臣在臣的位置，君就可以为所欲为，臣子就必须以君为贵——君主的位置也不是一劳永逸的，如果不能够行仁政，人民或者有贤能的人有权变置君主，而这种变置也是顺天应人的。孟子是反对不受限制的君权的，因此孟子曰："贼仁者谓之贼，贼义者谓之残。残贼之人，谓之一夫。闻诛一夫纣矣，未闻弑君也。"国君不尽职责的，是可以被废黜的。

世人都以为为某个君主尽忠死节是儒家的标签，实际上在春秋战国时期的孔子、孟子思想中都没有这样绝对的说法。相反的，国君是可以被变置的则是人民正当的权力，合则留不合则去也是臣子的正当权利；春秋战国时期，国家和政府还是两个可以拆分的权力体，君主仅仅代表政府，孟子更加明确了君主人民公仆的天职，因此梁启超总结当时的政治伦理为："夫君主既为国民公仆，其有不尽职者，或滥用其职权以痡毒于民者，民固得起而责之。责之不改，固得从而废置之。故《书》曰：'用顾畏于民岩'，《易》曰：'汤武革命，顺乎天而

---

① 《孟子·离娄下》

应乎人'。"①

孔子在世的时候，孔门弟子就分德行、言语、文学、政事四科，弟子各有所长；孔子没后，儒分为八，有子张氏、子思氏、颜氏、孟氏、漆雕氏、仲良氏、乐正氏。其中曾子一派重孝，将孝推崇至一切诸德之本，而且有反复叮咛之义。孟子作为曾子后学，也深受这种思想的影响。一方面，孟子深受曾子遗说大义的影响，推崇曾子之孝和舜等的大孝；另一方面，孟子也深受子思思想的影响，申儒家的天人精微之道，提出了自己"仁义"的道德方法论，反复详言道德根植于人心之自然，非由外铄我也。② 孔子去世之后，社会的形式也发生了更加剧烈的动荡。正如《战国策》所言："仲尼既没之后，田氏取齐，六卿分晋，道德大废，夏商失序。……后生师之，遂相吞灭并大兼小，暴师经岁，流血满野，诸子不相亲，兄弟不相亲，夫妇离散，莫保其命，泯然道德绝矣。晚世益甚，万乘之国七，千乘之国五，敌侔争权，盖为战国。贪饕无耻，竞进无厌；国异政教，各自制断；上无天子，下无方伯；力功争强，胜者为右；兵革不休，诈伪并起。……故孟子、孙卿儒术之士，弃圈于世，而游说权谋之徒，见贵于俗。"可见战国又是比春秋更乱的乱世了。孔子在他所处的时代，为了拯救时弊，特别强调"克己复礼"，希望通过恢复周礼的方式来使社会稳定、政治清明。而且孔子在他的时代还是有推广礼的希望的，因为当时的礼制还没有被完全的破坏，周天子还有号令天下的威力，亲亲尊尊的形式还没有完全成为一纸空文，三年之丧虽然有很多人觉得太久

---

① 梁启超：《梁启超文集》，线装书局 2009 年版，第 254 页。
② 梁涛：《乐正氏之儒的"泛孝论"及其与思孟学派的关系（上）、（下）》，《孝感学院学报》，2006 年 3 月。

但依然还实行着。到了孟子所处的时代，宗法制度已经基本被破坏殆尽，王室的权力被异姓或者家臣撺掇，三年之丧早就进了博物馆，克己复礼的基础荡然无存了。

但是孟子依旧保守着对于宗法制度的坚持，他提出人的天性中就有仁义礼智的四端，而这四端都同家庭伦理和宗法制度息息相关，孟子曰："仁之实事亲是也，义之实从兄是也。"认为仁和义都是来自于内心的。因此这种天生就能够敬长爱亲的品德被孟子视作是性善论的理论支撑。孟子认为，孝作为一种德性是先天的存在在人身上的，既然没有受过教育的孩提之童"无不知敬其亲者，及长，无不知爱其兄者"，都能够显示出本然的善性，那么善一定是先天的存在于人心当中，孟子称之为"良知良能"，这是一种自然的知能。孟子从日常的经验中总结出幼儿生便能够孝顺父母，亲爱兄长，因而人生而为善，继而得出人性善的结论。孟子之学上承子思，学术界已无异议，然而子思只说"天命之谓性，率性之谓道，修道之谓教"的思想，率性而行，即与道合。孟子首倡性善论，认为孝既根植于人的善性当中，也由人的善性导致出来，而人之所以有善性的原因是并授于天，也就是说性与天合。孟子发展了子思的天人精微之论，将其性善论筑基在一个极高的道德境界之上；与此同时，孟子还充分吸收了早期儒家"重孝派"的理论内涵，其理论特征就是将孝作为最基本和最重要的德行来论述，并且将孝行之于一切众德行之上。

《孟子》一书当中关于孝的议论，很多都是对为政者而发表的或者是针对时局有感而发的。而孝在孔子那里，孔子只是作为一般的训导来屡次的提及。孟子将孝由父子扩大到君臣、夫妇、朋友，也从士庶民上达至天子王侯。究其原因，和孟子身处的时代有密切的关系。

孟子身处战国中期，"礼坏乐崩"的事实使礼乐已经不能够作为天子维护其维权的手段了，天子的威权在急剧的衰败；而另一方面，诸侯的势力不断增强，如果说春秋时期的政治还基本上掌握在公室贵族的手中的话，到了战国时期，随着血缘关系的疏散和宗法制约束力的下降，列国的权力中心被公族以外的强宗大族把持和觊觎的现象史不绝书，由此可见当时封建制对于诸侯王和当朝重臣的牵制已经逐渐减弱了。

孟子在研究战国几十年的治乱兴衰之后，认为天下之所以一治一乱，就在于人们对于道德规范的集体性放弃。然而当时礼已经不行，孟子便试图建立孝悌这样的价值来挽救人心。而他更是将德化的希望都寄托在当时希望富国强兵的君主身上，试图说服他们相信，评价一个好的政治，不是开疆拓土，不是坚甲利兵，而是使民出则事长上，入则事父兄，鳏寡孤独，皆有所养，也是最伟大的儒家政治。孟子所处的时代，已经是处于宗法制逐渐不行，贵族制慢慢解体，而新的封建制度正在确立的阶段，异姓公卿同王室和公族的倾轧日益激烈，如果说春秋时期国君和公室贵族之间还存在着有据可查的血缘关系的话，战国时期这种关系在逐渐的疏远，很多当朝重臣都与国君没有血缘关系，甚至国君被别姓取代的事情也屡见不鲜，比如田氏代齐，孟子还是试图以君主和公室之间的相互依存关系来维持统治的稳定性，显然是没有充分认识到围绕着财富和权力而展开的政治斗争的残酷性和复杂性，也没有意识到将变革的希望都寄托在君主一人身上的无力性。在这个时期，仅仅是归附和强化亲亲、尊尊的观念，似乎并不能够解决当时的治乱问题，因此荀子诟病孟子的主张曰："起而不可设，张而不可行"，正是就孟子政治观当中的理想主义而言之的。后来牟宗三先生在其文章《政道与治道》当中，认为孟子这样不断地向内向往纯粹的理想和道德，总是希望借助于教化而最大程度的反对诉诸武力，有贤哲和宗教家的情怀；而这样的境界虽然高洁，却"于问题之解决，则常无力。"

孝是孔子、孟子学说中的重要组成部分，这一点是世人所公认的。然而孔子和孟子对于孝的态度，以及孝在各自理论体系中占的地位，却有所不同。正如前文所阐述的，从《论语》来看，孝在孔子那里还是一种比较平实的德行，在孔子所言及的众德行当中，并没有被大表特表，孔子言"忠"都要过于孝；而到了孟子的时代，从《孟子》一书中可知，孝已经成为了重德之本和善性之源头，孝的地位大大突显了。孟子更加强调孝这种行为的实践，因此他将守身放置在孝的一个根本性的位置上面；他不如孔子那样谨守礼制，但是特别重情，表现出来的就是孟子对于孝的认识更加注重个人感觉，主张尽可能的哀戚和厚葬家人。

孟子将孝当中的"不忍之心"同性善论结合起来，作为人性本善的一个佐证；与此同时，他将这种孝心推广到政治上面，能行孝悌的人便能够行仁政，孝悌是评价王者功业的显著标准，甚至是最高的标准了。

孟子平生之愿，就在于学孔子，而且欲以礼乐之道用于乱世，曾豪言道"当今之世，舍我其谁"，可见他对于自己的理论体系自信如此。他游历梁、齐、宋、鲁、滕等诸国，或认为其学说甚是迂远而阔于事情，一直不得信用。不仅儒家如此，当时宣扬以孝治天下的墨家，也是郁郁不得志，大概是因为当时的统治者都在寻求一种直接而效果显著的问题解决方式，而这种"七年之病求三年之艾"的方法，正是儒家所罕言之的。

第四节　荀子的孝道观和人性论

荀子对于孝的理解，是蕴含在其礼学思想当中的。和孟子认为人有孝心便可以遵守礼仪规范不同，荀子认为，礼义才是孝道的基础："夫子之让乎父，弟之让乎兄；子之代乎父，弟之代乎兄，此二行者，皆反于性而悖于情也。然而孝子之道，礼义之文理也。故顺情性则不辞让矣，辞让则悖于情性矣。用此观之，然则人之性恶明矣，其善者伪也。"也就是说，荀子认为孝不是出于人本身的血亲关系，而是出于圣人的礼仪教化，是后天矫正而成的。荀子孝的思想，和他对于人性的理解一脉相承，荀子本身是对于人性当偏险悖乱的一面非常警惕的，所以他在处理孝亲和爱亲的关系之时，也提出圣人编订礼乐的重要性，把"孝"这样一种行为，纳入到礼义的体系当中，"孝"是合乎礼义的表现形式之一，孝也是礼义的应有之义。

荀子作为先秦儒家的最后一位大儒，对于儒家的孝道观有至关重要的继承和发展，是先秦儒家孝道思想演进的重要一环，也是先秦人性思想在孝观念上的投射和显现。

《荀子》一书当中包含"孝"的段落总共有 47 处，谈到"礼"的次数有 343 处，所以有学者认为，孝在荀子思想当中处于并不显著的地位。但是实际上，荀子对于儒家的孝观念也有进一步的理解和发展。

韦政通先生在其著作《先秦七大哲学家》中认为，荀子的性出于天然，不可学不可事；荀子不是说人性本恶，人的本性是一张白纸，人性中恶的成分，是由于人后天的贪欲引起的，如何除去人性当中的恶？只有通过礼义和教化。

1. 人之性恶，所以"孝"更为重要

荀子对于孝的认识，也是基于他对于人性的理解和对于性恶的审慎态度，荀子在《性恶》篇中曰：

"若是则过矣。今人之性，生而离其朴，离其资，必失而丧之。用此观之，然则人之性恶明矣。所谓性善者，不离其朴而美之，不离其资而利之也。使夫资朴之于美，心意之于善，若夫可以见之明不离目，可以听之聪不离耳，故曰目明而耳聪也。今人之性，飢而欲饱，寒而欲煖，劳而欲休，此人之情性也。今人见长而不敢先食者，将有所让也；劳而不敢求息者，将有所代也。夫子之让乎父，弟之让乎兄，子之代乎父，弟之代乎兄，此二行者，皆反于性而悖于情也；然而孝子之道，礼义之文理也。故顺情性则不辞让矣，辞让则悖于情性矣。用此观之，人之性恶明矣，其善者伪也。"

荀子认为人性本身是不可靠的，所以圣人为了改变人向下堕失的本性而制礼作乐，目的就是矫正人性当中的邪恶、贪欲和堕落。圣人所做出一系列努力的结果就是社会产生了礼仪法度，这个礼仪法度是规范个人行为的准绳，也是人成德成圣的可能。荀子对于人能够自觉克制恶性这点是持有怀疑态度的，他认为如果没有礼仪法度，那人就会见到长者不知礼让，见到幼者不知爱护，见到君上不知尽忠，面对父母不知孝敬。

而这一切都是导致人类社会偏险悖乱的根本原因。所以圣人制礼

作乐，才能使社会有体面可言，才能够展现出"子之讓乎父，弟之讓乎兄，子之代乎父，弟之代乎兄"，这些全部都是和人的本性相背离的，但是却是人之为人的根本立足点，孝子之所以被人褒扬和歌颂，正是因为他们在自觉克服恶性，遵守圣人礼义教化的结果。所以，顺应人的本性，兄弟之间就会争夺，接受礼义规范的约束，人们就会相互推让。

所以，孝是礼义规范的结果。

基于对人性的警惕，荀子认为孝行并不是自然而然出现，必须用礼义加以规范。和孟子认为人性善，孝是人性当中的应有之义，能够自然涌现不同，荀子认为孝是需要被引导和被教化的，这也是造成圣人和凡人不同的根本点。

就像是龙宇纯先生认为的，荀子是长于分析的学者，他的性恶说确实是针对孟子性善说而发挥的，隆礼才是荀子学说的重点，而不是性恶。

荀子在《性恶》篇举例说明，闵子骞有孝行和孝德，桀跖之流却做不到，原因是什么？原因就是在于闵子骞始终以礼义作为自己行为规范的准绳，桀跖任由自己的恶性向下堕失："所贱于桀跖小人者，从其性，顺其情，安恣睢，以出乎贪利争夺。故人之性恶明矣，其善者伪也。天非私曾骞孝己而外众人也，然而曾骞孝己独厚于孝之实，而全于孝之名者，何也？以綦于礼义故也。天非私齐鲁之民而外秦人也，然而于父子之义，夫妇之别，不如齐鲁之孝具敬文者，何也？以秦人从情性，安恣睢，慢于礼义故也，岂其性异矣哉！"老天并不是因为对于齐地或者鲁地的人有什么特别的关照，也不是因为什么特别的因素不去照顾秦地的百姓，仅仅就是鲁地人民底蕴深厚，而秦地缺乏礼义教化的原因。

2. 真正的大孝：从义不从父

荀子对于孝的理解，大体来看和孔孟一脉相承。首先，他肯定了孝是晚辈对于长辈的口体之养，并且在其论述中高度褒扬了闵子骞曾参等孔门重孝派，认为哪怕是在战国末期礼崩乐坏的年代，他们都是孝子孝行的标杆，是真正的儒者。

所以荀子在《大略》篇中引用曾子的话说："孝子言为可闻，行为可见。言为可闻，所以说远也；行为可见，所以说近也；近者说则亲，远者悦则附；亲近而附远，孝子之道也。"孝子的德行真正能够做到让近者悦，让远者来，无论是任何情境下，孝子都坦坦荡荡。

其次，在高度肯定了孝子的德行之后，荀子又提出了自己对于孝的观点，这个观点和孔孟都迥然相异，那就是之前提到的"养口体""侍奉父母""不背离父母的意愿"，都是小孝，真正的大孝是"从义不从父""从道不从君"，而这个对于孝的理解，是荀子孝道观最有特色的部分。

在荀子之前的儒家学者，一直是以"顺"作为孝道的重要标准。

如果晚辈和长辈发生意见不一致怎么办？孔子委婉地提出："是父母几谏，见志不从，又敬不为，劳而不怨。"也就说，当发生价值观上的冲突，晚辈可以对父母稍微的劝谏，如果父母不听，那也不要勉强，毕竟家人之间的和顺才是最重要的。

孟子发展了孔子的观点，他认为谏亲也是孝的表现，只要孝子的出发点是出于好意，哪怕引起亲人的不快和愤恨，哪怕引得世人唾骂，孝子矢志不移。具体的表现就是《孟子》中记载他与齐国的匡章交友一事。匡章是齐国的将领，孟子在齐国稷下游学，世人都说匡章不孝，唯独孟子与他来往，并且以礼相待，弟子很不理解，为什么被主流社会孤立的人，孟子却偏要反其道而行之？孟子向弟子娓娓道来自己的理由："世俗所谓不孝者五：惰其四支，不顾父母之养，一不孝也；博弈好饮酒，不顾父母之养，二不孝也；好货财，私妻子，不顾父母之养，三不孝也。从耳目之欲，以为父母戮，四不孝也；好勇斗狠，以危父母，五不孝也。章子有一于是乎？夫章子，子父责善而不相遇也。责善，朋友之道也；父子责善，贼恩之大者。夫章子，岂不欲有夫妻子母之属哉！为得罪于父，不得近；出妻屏子，终身不养焉。其设心，以为不若是，是则罪之大者。是则章子已矣！"孟子认为，世人说的不孝通常有五种情况，但是匡章不符合其中的任何一种。他确实是有做得不到位的地方，那就是父子之间是不互相责善的，这点他伤害了父亲的心，别的地方他没有任何过错。所以孟子认为，父子之间是可以责善的，但是不建议太过，毕竟伤害感情。除此之外，从孟子弟弟桃应问他的那段话可以明显看出，作为儒家重孝派的代表人物，孟子在很大程度上是重人情轻法律的，这也继承了儒家一贯的传统，聚焦血缘亲族。

桃应问曰："舜为天子，皋陶为士，瞽瞍杀人，则如之何？"

孟子曰："执之而已矣。"

"然则舜不禁与？"

曰："夫舜恶得而禁之？夫有所受之也。"

"然则舜如之何？"

曰："舜视弃天下犹弃敝屣也。窃负而逃，遵海滨而处，终身訢然，乐而忘天下。"

都说舜是大孝子，那假设舜的父亲瞽瞍杀了人，舜应该如何应对？舜即是天下人的贤君，也是父亲的孝子，他如果杀了父亲，那便不是孝子；如果将父亲释放，那便是放走了一个杀人犯，忤逆了天下人，这应该怎么办？面对弟子出的伦理难题，孟子是这样解决的：舜放弃了天子之位，趁着审判之前的黑暗将父亲背走，逃跑到一个漫无人烟的地方，平平淡淡地过一辈子。

这样就完美解决了法和人情的冲突，孟子认为这才是"大孝"。但是到了荀子那里，他提出了自己对于"大孝"的看法，和前儒都有不尽相同的认识。

荀子认为，世人所理解的入孝出悌，孝敬尊上，都是小孝而已："入孝出弟，人之小行也。上顺下笃，人之中行也；从道不从君，从义不从父，人之大行也。若夫志以礼安，言以类使，则儒道毕矣。虽尧舜不能加毫末于是矣。"真正的孝应该是"从义不从父"。哪种情况下孝子可以从义不从父？

"从命则亲危，不从命则亲安，孝子不从命乃衷；从命则亲辱，不从命则亲荣，孝子不从命乃义；从命则禽兽，不从命则修饰，孝子不从命乃敬。"

作为孝子不服从命令的情况有三种，第一种，当你服从命令的时候，置父母于危险之地，这样不可以服从；第二，当你服从命令，父母亲就会受到耻辱以及不公正的对待，这样不能服从；第三，当你服从命令，使父母的行为像是野蛮人一样，这是陷父母于不义，也不能服从。所以，不是以"服从"或者"不服从"作为孝子的标准，而是真正要以一颗为父母着想的心考虑，才是孝子的标准。珍重的孝子用心来思考问题，而不是仅仅顾及一个服从的表象和美名，这是最自私的事情。

由此可见，荀子对于儒家孝道最重要的贡献，就是他赋予孝道新的价值，在这个价值里面包括孝最重要的内核，那就是反省。它是超越了天生特质的存在，所以更重要更宝贵，因而荀子称之为"大孝"。

荀子随后引用孔子的话来重申自己对于孝的理解。鲁哀公问孔子说，子听从父亲，臣子服从君上，就是孝和忠吧？孔子当时没有回答。随后孔子对子贡说，子从父命，臣从君命，表面上看来是重和孝，实际上都是小人的作为，因为他们要么是对于孝没有自己的理解，要么是为了得到孝子之名趋炎附势。真正的孝一定是包含着某种程度的忤逆和批判的，目的就是为了让君上或者父亲能够成德成善，不被小我所蒙蔽。

鲁哀公问于孔子曰："子从父命，孝乎？臣从君命，贞乎？"三问，孔子不对。孔子趋出以语子贡曰："乡者，君问丘也，曰：'子从父命，孝乎？臣从君命，贞乎？'三问而丘不对，赐以为何如？"子贡曰："子从父命，孝矣。臣从君命，贞矣，夫子有奚对焉？"孔子曰："小人哉！赐不识也！昔万乘之国，有争臣四人，则封疆不削；千乘之国，有争臣三人，则社稷不危；百乘之家，有争臣二人，则宗庙不毁。父有争子，不行无礼；士有争友，不为不义。故子从父，奚子孝？臣从君，奚臣贞？审其所以从之之谓孝、之谓贞也。"

3. 孝有在上美政，在下美俗之功

孝不仅体现在事生者，更表现在送死者身上。《荀子·礼论》中说："丧礼者，以生者饰死者也，大象其生以送其死也。故事死如生，事亡如存，终始一也。始卒，沐浴、鬠体、饭唅，象生执也。不沐则

濡栉三律而止，不浴则濡巾三式而止。充耳而设瑱，饭以生稻，啥以槁骨，反生术矣。设袭衣，袭三称，缙绅而无钩带矣。设掩面儇目，鬈而不冠笄矣。……故圹垄、其貌象室屋也；棺椁、其貌象版盖斯象拂也；无帾丝歶缕翣，其貌以象菲帷帱尉也。抗折，其貌以象槾茨番阏也。故丧礼者，无他焉，明死生之义，送以哀敬，而终周藏也。故葬埋，敬藏其形也；祭祀，敬事其神也；其铭诔系世，敬传其名也。事生，饰始也；送死，饰终也；终始具，而孝子之事毕，圣人之道备矣。刻死而附生谓之墨，刻生而附死谓之惑，杀生而送死谓之贼。大象其生以送其死，使死生终始莫不称宜而好善，是礼义之法式也，儒者是矣。"

《荀子》一书虽然提到孝的篇幅不多，但是也是良好政治的标志。秦昭王问荀子儒者对于治理国家有什么具体的帮助没有，荀子以孔子来举例子。当孔子在世的时候，鲁国任命孔子担任鲁国的司寇一职，得知这个消息之后，整个鲁国的朝野都为之空气一新。奸商沈氏知道了，卖羊时就不敢在早晨把羊喂饱饮足以欺骗买家，商业秩序得到了保障；公慎氏也休掉了淫乱的妻子，以正夫妻之伦；平时生活奢靡的慎溃氏也闻风丧胆离开了鲁国；甚至市场上的奸商之流，也不敢随意漫天要价，欺诈百姓，这都是因为孔子以用礼义来管理他们的缘故。除此之外，孔子也注意施行仁政，住在阙党之时，安排阙党子弟将捕获的猎物进行分配，其中有父母的人分得多一些，就是为了体谅他们生活的艰辛，这就是孝的具体表现，这也是儒者的作用。

"仲尼将为司寇，沈犹氏不敢朝饮其羊，公慎氏出其妻，慎溃氏逾境而徙，鲁之粥牛马者不豫贾，必蚤正以待之也。居于阙党，阙党之子弟罔不分，有亲者取多，孝弟以化之也。儒者在本朝则美政，在下位则美俗。儒之为人下如是矣。"

综上所述，荀子的孝道观是建立在他对于人性理解的基础上的，并且发展了孔孟的孝道观，对先秦时期基于血亲的孝道思想有反省和推动作用。

而孝在荀子思想那里，则现实政治的联系更加紧密，儒家对于孝道的观念，对于人性的解读更加的系统化和深刻化了。

第三章

孔孟荀诸子生平和基本思想

第一节　孔子生平和基本思想

1. 孔子生平

孔子曾说自己童年的境况："吾少也贱，故多能鄙事。"

日本著名学者白川静高度评价孔子的德行："孔子具有伟大的人格。在中国，大凡理想的形象都被称为圣人。所谓圣，根据字的原意是指能够听到神的声音的人。其实，我们把孔子说成是思想不一定正确。孔子同苏格拉底一样，没有留下任何著作。但是，他是一个能够听见神的声音的人。而这些思想唯有从那些传达他的行动的弟子们的文章里才可知道。如果一个人的思想只有从他的行动中显示出来，那么，这个人是否与圣人的称号相符合呢？

"哲人并不是新思想的宣布者。相反，是以追求、发现传统的意义为起点，然后以此来寻找现在的根源。他的本质应该是探求者、求道者。就像苏格拉底孜孜不倦地探究菲德尔神谕的意义那样，孔子是一个述而不作、信而好古的人。苏格拉底在追根问底中使生命变得高尚纯洁，而孔子在质问中找到了理想的世界。然而，苏格拉底面对菲德尔神谕，受到只能询问这一命令的局限，那里并没有什么现成的答案；而孔子却持有值得关注的远古圣王时代的传统，孔子能梦到以前周王朝的辉煌文化及其创造者。"

司马迁的《史记·孔子世家》算是详细记载孔子生平和学术成就及历史地位最早的资料了，在这篇文章里面，司马迁将孔子和诸侯并列，高度评价孔子的学术成就和思想贡献。司马迁受到迫害之后，在鲁国有幸观摩孔子遗风，看到儒门风流，深受震动，并且在文末发出了一段千古感慨："高山仰止，景行行止，虽不能至，心向往之。天下君王至于贤人众矣，当时则荣，没则已焉。孔子布衣，传十余世，学者宗之。自天子王侯，中国言六艺者折中于夫子，可谓至圣矣。"

和孔子晚年受人尊敬和在后世称为一代师表相比，孔子的出身可以说是相当的微贱，连孔子自己都直言不讳地说："吾少也贱，故多能鄙事"，言语中流露出丝丝心酸。

孔子是春秋时期的鲁国人，名丘字仲尼，生于鲁襄公二十一年，公元前552年，是宋国贵族孔父嘉的后代。宋国和鲁国在地理位置上很近，属于毗邻关系，孔子的先祖也就是他的五代祖木金父因为他的父亲孔父嘉在宋国的宫廷内乱中被杀害，具体原因是因为孔子的先祖孔父嘉有位美丽的妻子，《左传》对她的外貌有一段意味深长的形容就是"美而艳"，因为被她的美貌所吸引，当时掌握实权的大夫华督将孔父嘉残忍杀害目的是为了霸占他的妻子，所以只能用这种手段处之而后快。为时局所迫，孔父嘉的后人木金父从而从宋国逃往鲁国，为了保全性命。

木金父的后代是睾夷下，睾夷的后代是防叔，防叔的后代是伯夏，伯夏的后代就是叔梁纥，而叔梁纥是孔子的父亲。从宋国迁移到鲁国，一直到叔梁纥这一代才稍微有点名气，他是鲁国贵族孟献子家的武士，属于地位比较低微的贵族，但是也小有名气："以勇力闻于诸侯"，而且高大威猛。

叔梁纥结婚之后一直没有儿子，内心一直耿耿于怀。根据史书记载，孔子的父亲叔梁纥在六十六岁左右的时候和妙龄女子颜徵在结婚，于公元前五五一年生下了孔子。他们的结婚不是普通的结婚，《史记》意味深长的称之为：野合而生孔子，所以孔子的出生是有些不合礼数的，但是这也更显得他以后的成长道路光芒万丈。

因为父亲的年纪比较苍老，在孔子三岁的时候父亲就去世了。尚且年轻的孔子母亲颜徵在带着孔子搬到鲁国国都曲阜城内的阙里居住，而根据史料记载，颜氏是曲阜大族，所以虽然孤儿寡母，但是对于日后的生活和学业来讲，是母子两人不错的投身之处和庇护之所。

关于孔子母亲的身世，已经有很多考证的结果。一个比较能够解释得通的说法就是，孔子的母亲出身于地位普通的家庭，并且是家里面的巫女。巫女是一种源远流长的职业，并且一般是由家里面的女儿担当，除了要对丧葬礼仪了如指掌之外，巫女是被禁止有男女之事发生的。也许这就可以解释为什么《史记》里面说孔子和父母是"野合"而生；同时，孔子从童年的时候就掌握了丰富的礼仪知识，尤其是丧葬方面的礼仪，白川静认为："榨取和占有不过只能带来颓废，唯有贫贱才是产生伟大精神的土壤。孔子很有可能就是在巫师和巫婆群中，玩着用于供奉的放祭品的器物长大成人的。"《史记·孔子世家》也记载："孔子为儿嬉戏，常陈俎豆，设礼容"，可见不管孔子是不是出于巫师的家庭，但是他们的家庭非常讲究诗礼传家，孔子从小就耳濡目染，开始习礼，这不仅塑造了孔子整齐严肃的性格，而且也为孔子成为礼学大师打下了很好的基础。

孔子的祖先从宋国逃到鲁国，五代之后，孔子已经扎根鲁国，这个经济实力并不强大，却在相当于中国文化心脏的小国，让孔子从小就沉浸在诗书礼乐的高雅气氛中，并且孔子还是属于贵族阶层，属于贵族阶层最低一级就是"士"。早年丧父，相依为命的母亲又在孔子结婚之前去世，所以孔子很早就开始独立生存。并且，因为孔子也并不是父亲的嫡长子，所以他没有从父亲那里继承到很多财产。孔子常常毫不避讳地说自己"少也贱，故多能鄙事。君子多乎哉，不多矣!"这应该是孔子早年生活的真实写照。《孟子·万章下》详细地记载了孔子所从事过的几种工作，孔子当过仓库保管员，从来没有出过纰漏；孔子还当过乘田这样的小官，替人养牛养马，但是孔子自己觉得君子也不必在这样的苦差事上刻意打磨自己，他只是生活所迫，无法选择。

除了早年生活困窘之外，孔子在很早的时候就立下了大志向，《论语·为政》篇记载孔子曰："吾十有五而志于学"。钱穆先生认为，根据孔子所在的阶级地位，作为士人家庭的孩子，一般都要学习礼乐射御书数六艺，作为谋生的一种基本功，也就是"儒业"，儒是当时社会上的一种行业，在孔子之前就已经有了，这也就是为什么后来孔子劝告弟子子夏："汝为君子儒，毋为小人儒。"儒业的从业者有一个非常明确的就业方向就是服务于贵族阶层，就像是孔子早年所说的那样，要么是在贵族那里得一份俸禄，另外一种道路就是自己加官进爵，成为更高等级的贵族，所以世人常常诟病以孔子为代表的儒家不够超脱，这是由于"儒"最开始的定位和目的决定的，谁也无法脱离它原本的意义而生存。但是世间有那么多的儒业从业者，孔子的特别之处就是他非常强调道义和正当性，做君子儒不做小人儒，如果是为暴君或者是暴政服务，那是绝对不可以的，所以孔子是有所为有所不为的，这也是孔子之后，儒从一种职业变成了一种学说流派最重要的原因，它不仅仅是有用的，它是有道义的，有底线的，有崇高灵魂的。

孔子早年开始做官的历程，没有在历史上留下太多的印记。根据《孔子家语》的记载和钱穆先生的考证，孔子正式开始做官的年纪是19岁的样子，除了他做过委吏和乘田之类的小官之外，一直以知礼和懂礼闻名朝野。

子入太庙，每事问。或曰："孰谓鄹人之子知礼乎？入太庙，每事问。"子闻之，曰："是礼也。"

类似这种话，但是也不太清楚孔子的职位和具体的年龄。但是确定的是，孔子的仕途并非一帆风顺，而且看起来前途渺茫。眼看着世道衰微，自己也在这世道里逐渐沉没，孔子决定做点不一样的事情，就是他决定出走。也许是因为不得志，也许是因为看道之不行，也许是对于成为政治家感到不太确定，孔子在三十岁的时候，开始逐渐淡出政治舞台，并且在家收徒设教，他教的不是一般人求生的技能或者本领，他教的是礼乐射御书数，教的是如何成为君子儒。

而孔子在短短几年之内，就享有名气，连国君都要安排自己的儿子向他学礼。

《左传·昭公七年》这样记载：

公自至楚，孟僖子病不能相礼，乃讲学之，苟能礼者从之。及其将死也，召其大夫曰："礼，人之干也。无礼无以立。吾闻将有达者曰孔丘，圣人之后也。我若获没，必属说与何忌于夫子，使事之而学礼焉，以定其位。"故孟懿子与南宫敬叔师事仲尼。

根据钱穆先生考证，《左传》中记载孟僖子死于昭公二十四年，临死之前嘱托儿子向鲁国的孔子学礼，而孔子当时三十五岁，他在礼方面的精通和深入研究已经被当时的上层贵族社会所注意，而且闻名远播。

出于对鲁国整体政治环境的失望，以及心中不灭的圣王信仰，孔子离开鲁国去了齐国。当时鲁国公室和三桓——季孙氏、叔孙氏和孟孙氏三家的矛盾斗争尖锐，孟僖子去世之后的第二年，鲁国当时的君主鲁昭公希望打击三桓势力，他先从季孙氏入手，没想到被三桓联合反击，鲁国国君无奈出奔。

《史记·孔子世家》：

季平子得罪鲁昭公，昭公率师击平子，平子与孟氏、叔孙氏三家共攻昭公。昭公师败，奔于齐。齐处昭公乾侯。其后顷之，鲁乱，孔子适齐。

鲁昭公出逃后，孔子也难掩自己内心深深的失望，离开了鲁国，向东前往齐国。对于孔子离开祖国的事情，历史上还流传着这样动人心弦的故事。当时尚且年轻的孔子带着自己的徒弟经过齐鲁两国交界的泰山脚下，正在荒郊野岭之间，忽然听闻有呜咽的哭声，他们四处寻找，发现是一个妇人在一座新坟面前哭得痛彻心扉。孔子让弟子子路上千询问缘由以及是否需要帮助，妇人哽咽着说："此处有饿虎出没，我的公公先前就是在这里被咬死，我丈夫也是被饿虎咬死，现在我的儿子也被咬死了，我真的是太惨了。"孔子很同情她，就说："那您干嘛不离开这个地方呢？"妇人擦擦眼泪说："这里没有缴不完的苛捐杂税啊，这里只是有老虎，别的国家比老虎还可怕啊。"孔子很感慨，说出了那句名言："苛政猛于虎！"同时也坚定了他践行周公之道，教化这个无道时代的决心。

天下那么大，孔子为什么偏偏选中了齐国呢？首先，有地理上的原因，鲁国和齐国在地理上十分相近。其次，孔子对于齐国的好感由来已久。根据《论语·子张》记载："孔子在齐闻韶，三月不知肉味。"而且孔子也曾经拜齐国的师襄学琴，说明齐国是有圣人文教遗风的。当时齐国的国君齐景公的祖先是春秋五霸之一的齐桓公，而且是春秋首霸，但是到了齐景公这一代，齐国没有守住祖先打下来的霸业。孔子虽然认为辅佐齐桓公成为霸主的管仲"不知礼"，但是总体来说，对于他的评价还是相当高的。孔子一生并没有认可过几位"仁"人，管仲就是其中一个。孔子高度褒扬过管仲对于华夏文明存续的作用，他说："管仲相桓公，霸诸侯，一匡天下，民到于今受其赐。微管仲，吾其披发左衽矣。"鲁昭公二十年，在孔子尚且没有离开鲁国之前，齐景公和齐国的大夫晏婴曾经来访鲁国，孔子见到了君臣二人。齐景公对于秦国能够称霸诸侯的业绩很感兴趣，问孔子说，秦国地处边陲，没有文化基础，也没有圣人之教润泽，为什么能够在众多诸侯国当中异军突起，成为后起之秀，天下霸主。孔子回答齐景公说："秦，虽国小，其志大；处虽辟，行中正。身举五羖，爵之大夫，起累绁之中，与语三日，授之以政。以此取之，虽王可也，其霸小矣。"对于齐景公也给予了很高的期待。所以说孔子选择齐国宣传他的政治主张，除了说明孔子本身对于齐国有好感之外，孔子对于齐国这片土地，也抱有期待。

孔子一开始到齐国的时候，受到齐景公的隆重接待，同时齐景公还曾经问政于孔子，他对于孔子所带来的治国理政新理念也是抱有期待的。

《论语·颜渊》：

齐景公问政于孔子，孔子对曰："君君，臣臣，父父，子子。"公曰："善哉！信如君不君，臣不臣，父不父，子不子，虽有粟，吾得而食诸？"

齐景公一开始是对孔子抱有非常高的期待和敬意的，他曾经说"若季氏，则吾不能，以季、孟之间待之。"说像是对于季氏这样的规格对待孔子可能还做不到，但是以季、孟之间的礼节来待他。但是好景不长，虽然齐景公对于孔子非常满意，一度想要把尼豀的田地封赏给孔子，但是晏婴反对，根据《史记·孔子世家》记载，理由也非常有理有据：

"夫儒者滑稽而不可轨法；倨傲自顺，不可以为下；崇丧遂哀，破产厚葬，不可以为俗；游说乞贷，不可以为国。自大贤之息，周室既衰，礼乐缺有间。今孔子盛容饰，繁登降之礼，趋详之节。累世不能殚其学，当年不能究其礼。君欲用之以移其俗，非所以先细民也。"

有了晏婴强有力的反对，齐景公也不好固执己见，以"吾老矣，不能用"，婉拒了孔子的改革政策。孔子在齐国没有更多存在的理由，于是带着弟子离开了。孔子离开齐国之后很长一段时间没有步入仕途，他给弟子讲学，带着他们游历，过得从容自得。子贡、子路、颜回、闵子骞等人，都是多年以来跟着孔子的贴身弟子，而且深得孔子真传，各得所长。没有出仕的十几年间，孔子不改自己乐道的精神和情怀，曾经这样表示："饭蔬食，饮水，曲肱而枕之，乐亦在其中矣。不义而富且贵，于我如浮云。"

孔子在五十岁之后，在他人生的最后二十多年里面，迎来了一个出仕的机会。当时阳虎是鲁国大夫季氏的家臣，而季氏是鲁国三桓之首，所以阳虎就想要背叛季氏，并且希望拉拢孔子来做他政治合法性的筹码。阳虎，在《论语》中又称作是"阳货"，登门拜见孔子，孔子早就听说了他的野心，避而不见，阳虎扫兴而归。后来阳虎事情败露，逃往他国，这个时候，鲁国国君鲁定公决定启用孔子，孔子实年五十一，为中都宰，随后做到司空、司寇等职位，成为鲁国国老。《孔子家语·相鲁篇》高度称赞了孔子治国理政的成绩："孔子初仕，为中都宰。制为养生送死之节，长幼异食，强弱异任，男女别途，路无拾遗，器不雕伪。"据史料记载，孔子担任司空仅仅一年时间，四方的人民都纷纷来归附，而且周边的那些胡作非为的人，行为不检点的人，不知礼数上下之分的人，都纷纷改邪归正。孔子在任期间，虽然取得了良好的政绩，也丝毫没有傲慢之心，对于人民以礼相待，对于国君毕恭毕敬。《论语·乡党》篇说孔子和国君相处时候的仪态，说国君召见孔子，他常常等不到备好马车就急忙走出家门去见国君，可见是对上有敬，对下有亲，极具政治才能和人格魅力。

　　然而，他在鲁国的仕途也是昙花一现，虽然他一开始就显示出了非凡的治国才能，同时也印证了他所倡导的仁德理想是可以落地实现的，但是鲁国政局的昏暗，已经明显容不下一个贤人了。此时齐国高层也深深的担忧孔子的能量，生怕孔子把鲁国治理的井井有条，繁荣昌盛，威胁到齐国的发展，毕竟鲁国和齐国是接壤的邻国，发展起来的鲁国对于齐国来说是个明显的不稳定因素。于是齐国施了一计，其实是非常拙略的"美人计"，他们"选齐国中女子好者八十人，皆衣文衣而舞《康乐》；文马三十驷，遗鲁君"，不出意外的，季桓子和国君鲁定公迅速上钩，沉迷于女色，不理朝政同时对于励精图治的孔子也渐渐的失去耐心。一心想要复兴鲁国的孔子看到当政者执迷不悟的样子，痛心至极，带着子路，颜回，子贡，冉有等弟子，带着对于祖国的深深眷恋，带着对于政局的刻骨失望，再次决绝地踏上了流亡之路，此去又是十几年之久。孔子首先逃到了卫国，在卫国的时候受到了卫灵公短暂的任用。而孔子即将在卫国实行的政治理念，通过学生冉有的话表达出来。

　　子适卫，冉有仆。子曰："庶矣哉！"冉有曰："既庶矣，又何加焉?"曰:"富之。"曰:"既富矣,又何加焉?"曰:"教之。"

后来孔子离开卫国,过宋。根据《史记·孔子世家》记载:"孔子去曹过宋,与弟子习礼大树下,宋司马桓魋欲杀孔子,拔其树。孔子去。"

孔子师徒离开宋国,到了陈国。在陈绝粮,困于陈蔡之间。有隐士名叫作长沮和桀溺,认出了孔子师徒,他们不理解孔子的选择,既然天下无道,像是自己一样归隐田园不就好了吗,与世无争就罢了,为什么还要这样栖栖遑遑,像是丧家之犬一般颠沛流离呢。子路回去告诉孔子,孔子怅然的说,如果天下有道,我们也本不必这样做,道不同不相为谋,坚持自己就是了。

长沮、桀溺耦而耕。孔子过之,使子路问津焉。长沮曰:"夫执舆者为谁?"子路曰:"为孔丘。"曰:"是鲁孔丘与?"曰:"是也。"曰:"是知津矣。"问于桀溺。桀溺曰:"子为谁?"曰:"为仲由。"曰:"是鲁孔丘之徒与?"对曰:"然。"曰:"滔滔者,天下皆是也,而谁以易之?且而,与其从辟人之士也,岂若从辟世之士哉!"耰而不辍。子路以告。夫子怃然曰:"鸟兽不可与同群,吾非斯人之徒与而谁与?天下有道,丘不与易也。"(《论语·微子》)

孔子师徒离开陈国,又短暂的回到卫国,但是因为卫出公和他的父亲王伟之争愈演愈烈,卫国国内根本就顾不上践行孔子的政治理想,所以孔子又一次在卫国感到失落,这个时候,孔子已经在外流浪十四年,是近乎古来稀之年的老人了。而此时,孔子的高徒之一冉求在鲁国国内做到了季氏的家宰,并且率军打败了齐兵。季康子觉得特别吃惊,就问冉求说,你的军事才能是天生的还是有人教给你的?冉求说,是我的老师孔子教给我的。季康子大喜过望,就说:"快,快把你的老师请回来！"冉求说："请回来可以的，但是我老师一辈子吃了很多苦，受了很多罪，如果要把他请回来，请务必以礼待之，这样我把老师请回来我才能放心。"

《史记·孔子世家》曰：冉有为季氏将师与齐战于郎，克之。季康子曰："子之于军旅，学之乎，性之乎？"冉有曰："学之于孔子。"季康子曰："孔子何如人哉？"对曰云云。康子曰："我欲召之可乎？"对曰："欲召之，则毋以小人固之，则可矣。"

季康子允诺，冉求等人这才赶忙去到卫国，把孔子请回鲁国。

台湾学者王建文总结了孔子在六十八岁归鲁之前的实践历程和现实困境，列出如下：

公元前 548 年，鲁襄公二十五年，孔子四岁，崔杼弑齐庄公。

公元前 537 年，鲁昭公五年，孔子十五岁，三家四分公室，季氏取其二，孟孙、叔孙各一。

公元前 536 年，鲁昭公六年，孔子十六岁，郑国子产铸刑书，晋大夫叔向写信给子产严厉批评。

公元前 530 年，鲁昭公十二年，孔子二十三岁，初为乘田、委吏之时，费宰南蒯以费叛，如齐。

公元前 517 年，鲁昭公二十五年，孔子三十五岁，三家共逐昭公，昭公奔齐，居于乾侯；孔子亦去鲁至齐。

公元前 514 年，鲁昭公二十八年，孔子三十八岁，晋六卿诛公族，分其邑，各使其子为大夫。

公元前 513 年，鲁昭公二十九年，孔子三十九岁，晋国铸刑鼎，孔子曰："晋其亡乎，失其度矣。"

公元前 510 年，鲁昭公三十二年，孔子四十二岁，昭公卒于乾侯。

公元前 504 年，鲁定公六年，孔子四十八岁，王子朝之徒作乱，周敬王奔晋。

公元前 502 年，鲁定公八年，孔子五十岁，阳虎欲去三桓，入于阳关以叛。

公元前 500 年，鲁定公十年，孔子五十二岁，从定公参与夹谷之会。

公元前 498 年，鲁定公十二年，孔子五十四岁，与子路主导堕三都，失败。

公元前 497 年，鲁定公十三年，孔子五十五岁，去鲁适卫，开始长达十四年的周游列国。

公元前 496 年，鲁定公十四年，孔子五十六岁，卫大夫蒯聩奔宋。

公元前 493 年，鲁哀公二年，孔子五十九岁，卫灵公卒，卫国立太孙辄，晋赵鞅欲纳大子蒯聩，父子争位。

公元前 489 年，鲁哀公六年，孔子六十三岁，吴伐陈，孔子与弟子困于陈、蔡；齐陈乞废安孺子荼而立工资阳生（齐悼公），阳生使人杀荼。

公元前 485 年，鲁哀公十年，孔子六十七岁，齐人弑悼公。

公元前 484 年，鲁哀公十一年，孔子六十八岁，返鲁。[①]

孔子回到鲁国之后，六十八岁的高龄已经是国之大佬，但是他极力描绘出大道的理想世界，在现实生活中依然缥缈。除此之外，孔子经历了颜渊的早死还有儿子伯鱼的早死，对他的打击也是巨大的。

---

① 王建文：《流浪的君子——孔子的最后二十年》，生活·读书·新知三联书店 2008 年版。

伯鱼去世的时候孔子六十九，颜渊去世的时候孔子七十一。颜渊是孔子最为欣赏的高徒之一，颜渊在世的时候称赞他为："贤哉回也！一箪食，一瓢饮，在陋巷。人不堪其忧，回不改其乐，贤哉回也！"在颜渊因病去世的时候，向天长叹："噫，天丧予！天丧予！"

孔子晚年删诗，正乐，做《春秋》，就像是《史记·孔子世家》里面所说的：

《诗》有之："高山仰止，景行行止。"虽不能至，然心向往之。余读孔氏书，想见其为人。适鲁，观仲尼面庙堂车服礼器，诸生以时习礼其家，余祗回留之不能去云。天下君王至于贤人众矣，当时则荣，没则已焉。孔子布衣，传十余世，学者宗之。自天子王侯，中国言六艺者折中于夫子，可谓至圣矣！

孔子的一生是知其不可为而为之的一生，是造次必于是，颠沛必于是的一生，是有教无类的一生，还是编修《六艺》，哺育中国人源远流长主体意识的一生。

2. 孔子的基本主张

过去人论述孔子思想，经常把孔子思想归纳为两个方面，就是孔子思想当中是重视修养不重视政治，侧重于形而下的教导而不注重形而上的知识。如果仅仅从《论语》这个角度来看待孔子思想，确实很容易得出这样的结论。但是我们不要忘记了，孔子之所以为孔子，为万世师表，生前备受排挤，身后却受到无与伦比的尊敬，是因为孔子对于六经的卓越贡献，他奠定了中国主流学术形态的基础。实际上，就像是世界上大多数的思想家一样，孔子也不是一开始就成为圣人，他的思想也是在不断地变动，发展，成长和成熟。究其一生，孔子的思想大概可以分为三个阶段。

第一，孔子的礼学思想

"礼"的含义是什么？《说文》云："禮，履也，所以祀神致福也。从示，从豊，豊亦声。"豊是实行祭祀礼仪的物品，那"礼"就是从事祭祀的仪式了。根据徐复观先生的考察，礼最开始只是和祭祀相挂钩，但是真正具有人文意义的是从周公制礼作乐之后，徐复观先生在《中国人性论史》当中这样考察："周公所制之周礼，其内容非仅指祭祀的礼节，实包括有政治制度，及一般的行为原则而言。"

周公制礼作乐之后，礼逐渐取代了鬼神在人们心目当中的主导地位，成为国家之大法，就像是《左传·隐公十一年》所说的那样："礼，经国家、定社稷、序民人、利后嗣也。"所以在这样的时代风潮下，礼也成为孔子着重关注的对象，是孔子学说的重要组成部分。

孔子本身对于礼就非常重视，除了从小习礼之外，孔子一生都在践行礼的要求。

子之燕居，申申如也，夭夭如也。(《论语·述而》)

子温而厉，威而不猛，恭而安。(《论语·述而》)

子见齐衰者，冕衣裳者，与瞽者，见之，虽少必作，过之，必趋。(《论语·子罕》)

子食于有丧者之侧，未尝饱也。子于是日哭，则不歌。(《论语·述而》)

孔子除了自己重视践行周礼的要求，对于自己的儿子，学生，乃至于同时代的君子，都是以这样的标准来要求的："不学诗，无以言；不学礼，无以立。"

礼除了有外在的这种仪态的要求，还是重要的阶级划分和名分，也是孔子礼学思想的核心内容。孔子认为春秋时期礼崩乐坏，斯文扫地，最主要的原因就是名分上面的崩坏和失序，所以孔子提出了自己正名分的主张。

子路曰："卫君待子而为政，子将奚先？"子曰："必也正名乎！"子路曰："有是哉，子之迂也！奚其正？"子曰："野哉，由也！君子于其所不知，盖阙如也。名不正，则言不顺；言不顺，则事不成；事不成，则礼乐不兴；礼乐不兴，则刑罚不中；刑罚不中，则民无所措手足。故君子名之必可言，言之必可行也。君子于其言，无所苟而已矣。"

第二，孔子的仁学思想

"仁"在孔子之前，就是一个非常笼统的道德概念，散见在西周以及春秋中早期的各种典籍里面。后来孔子发展了"仁"的概念，把仁从一种对于德行的要求，发展为对于生命本身的提升，并且认为"仁"是成德成圣的必要品德之一。

子张问仁于孔子，孔子曰："能行五者于天下，为仁矣。"请问之。曰："恭、宽、信、敏、惠。恭则不侮，宽则的众，信则人任焉，敏则有功，惠则足以使人。"（《论语·阳货》）

第三，以易学为核心

孔子在晚年的时候，对于《周易》的思想进行了创造性的转化。

根据《孔子世家》记载，孔子在五十岁之后开始学《易》，当时孔子已经周游列国，风尘仆仆，政治理想在现实中寸步难行，而孔子本人也到了知天命之年，所以孔子的思想在五十岁开始学易之后，有了打开，升华和最终的归宿，从关注形而下的道德实践，转而关注形而上的穷理尽性，孔子思想在晚年又再次得到升华，同时将自己的学术经历真正的和生命体验结合起来，形成生命化、体悟化的儒学思想，并且光耀后世。

孔子学易，在《论语》当中有明确记载：

加我数年，五十以学易，可以无大过矣。

并且《史记·孔子世家》云：

孔子晚而喜《易》，序《彖》、《系》、《象》、《说卦》、《文言》；读《易》，韦编三绝，曰："假我数年，若是，我于《易》则彬彬矣。

最近出土的帛书《要》也记载："夫子老而好《易》，居则在席，行则在橐。"学者林存光和郭沂认为，这就是支持孔子五十以后学易最有利的证据。

帛书《要》随后的一段言论，也是证明夫子对于易的理解。

夫子老而好《易》，居则在席，行则在橐。子赣曰：夫子它日教此弟子曰：德行亡者，神灵之趋；智谋远者，卜筮之繁。赐以此为然矣。以此言取（诹）之，赐缗（惛）之为也。夫子何以老而好之乎？

夫子曰："君子言以矩方也，前芊（逆）而至（致）者，弗芊（逆）而巧也。察其要者，不诡其辞。予非安其用也，予乐其辞也。"

子赣曰："夫子今不安其用而乐其辞，则是用奇于人也？"

子曰："《易》我后其祝卜矣，我观其德、义耳也。幽赞而达乎数，明数而达乎德，又仁〔守〕者而义行之耳。赞而不达于数，则其为之巫。数而不达于德，则其为之史。史巫之筮，向之而未也，好之而非也。后世之士疑丘者，或以《易》乎？吾求其德而已，吾与史巫同涂而殊归者也。君子德行焉求福，故祭祀而寡也；仁义焉求吉，故卜筮而希也。祝巫卜筮其后乎。"

学者郭沂和林存光认为，孔子在五十岁正式接触到周易之前，和世人一样，认为周易是一本卜筮之书，但是在孔子认真彻底的研究周易之后，乃至韦编三绝，行走坐卧都要把周易放在身边，他对于周易有了新的看法，同时对于性和天道也有了更深入的看法。

同时，孔子晚年对于易学的深入研究以及创造性的转化，也成为春秋战国之际中国思想史的重要转折点。学者郭沂认为："老聃思想和孔子早起皆重人伦而鲜及心性及天道，孔子的易学主要是一种天道之学。而战国哲学最大的贡献就是填补并深入、广泛地挖掘了介于人伦与天道之间的心性这个环节。所以，不管在文化典籍的传承上，还是在哲学思想上，孔子都是承上启下的关键人物。"[①]

第二节　孟子生平和基本主张

1. 孟子的生平

第一，孟子祖系

孟子名轲，字子舆，又字子车，子居，是中国古代伟大的思想家，教育家，也是享有盛名的雄辩家，孟子是孔子孙子子思的弟子，在世的时候常常称自己是私淑孔子，后世孟子的学术地位历经浮沉，最终在宋代之后得到显著提高，成为仅次于孔子的儒学大师，有亚圣之称，并且和孔子并称为"孔孟"。《孟子》一书也从宋代开始，列为科举考试的主要题材之一，并且由先秦子书升格为十三经之一，为古代士子所必读之书。

史记对于孟子的生平有一个简短的介绍。

---

① 郭沂：《楚简老子与老子公案》，《中国哲学》第 20 辑，辽宁教育出版社 1999 年版。

《史记·孟子荀卿列传》云：

孟轲，邹人也。受业子思之门人。道既通，游事齐宣王，宣王不能用。适梁，梁惠王不果所言，则见以为迂远而阔于事情。当是之时，秦用商君，富国强兵；楚卫用吴起，战胜弱敌；齐威王、宣王用孙子、田忌之徒，而诸侯东面朝齐。天下方务于合纵连横，以攻伐为贤，而孟轲乃述唐、虞、三代之德，是以所如者不合。退而与万章之徒序《诗》、《书》，述仲尼之意，作孟子七篇。

《史记》只是记载了孟子名轲，对于他的字，他详细的出生地，生卒年月，都没有特别介绍。但是根据《孟子》一书所载的事迹，孟子大概生活在公元前 385 年到公元前 304 年之间。

孟子的祖先是鲁国的贵族，鲁国三桓称之为"孟孙氏，叔孙氏和季孙氏"，孟子就是孟孙氏的后代。但是到了孟子一代，家道中落，不复往日风光，孟子一家也从鲁国迁到了政治和经济方面更加不起眼的邹国。

孟子的祖系源流如何？根据赵岐的《孟子题辞》序曰："孟子，鲁公孟孙之后。"清代著名学者焦循在《孟子正义》当中说："鲁桓公生同，为庄公，次子庆父为仲孙氏，次叔牙为叔孙氏，次季友为季孙氏，是为三桓。仲孙氏即孟孙氏。"

所以实际上，孟子的祖系是鲁国的公族世家，而且是周公的子孙。孟子的祖先是鲁国政治体制当中的主流，所以在《论语》里面，孟子先世也经常出现。孟子的六世祖孟懿子在临终前，曾经告诉自己的儿子孟武伯和南宫敬叔向孔子学礼，以安定国家。

《左传·昭公七年》记载：

及其将死也，召其大夫曰："礼，人之干也。无礼，无以立。吾闻将有达者曰孔丘，圣人之后也，而灭于宋。其祖弗父何，以有宋而授厉公。及正考父，佐戴、武、宣，三命兹益共。故其鼎铭云：一命而偻，再命而伛，三命而俯。循墙而走，亦莫余敢侮。饘于是，鬻于是，以糊余口。其共也如是。臧孙纥有言曰：圣人有明德者，若不当世，其后必有达人。今其将在孔丘乎？我若获没，必属说与何忌于夫子，使事之，而学礼焉，以定其位。"

孟懿子死后，孟子的五世祖孟武伯谨遵父亲的教诲，曾经专程向孔子问孝，孔子回答他说："父母，唯其疾之忧。"

孟子的四世祖孟敬子也在《论语》当中出现过，孔子弟子曾子生病了，孟敬子特意前去探望他，曾子言曰："鸟之将死，其鸣也哀；人之将死，其言也善。君子所贵乎道者三：动容貌，斯远暴慢矣；正颜色，斯近信矣；出辞气，斯远鄙倍矣。笾豆之事，则有司存。"

孟敬子之后是滕伯，滕伯之后是孟子的父亲激公宜，之后便是孟子，所以孟子的家世和鲁国的公族世家一脉相承。

第二，深受母教

孟子的学问博大精深，据史料记载，和孟子早年深受母教也有很大的关系。西汉刘向的《列女传》曾经用一个孟母断织教子的故事来劝勉后人：

自孟子之少也，既学而归，孟母方绩，问曰："学所至矣？"孟子曰："自若也。"孟母以刀断其织。孟子惧而问其故。孟母曰："子之废学，若吾断斯织也。夫君子学以立名，问则广知，是以居则安宁，动则远害。今而废之，是不免于厮役而无以离于祸患也。何以异于织绩而食，中道废而不为，宁能衣其夫子而长不乏粮食哉？女则废其所食，男则堕于修德，不为窃盗，则为虏役矣。"孟子惧，旦夕勤学不息，师事子思，遂成天下之名儒。君子谓孟母知为人母之道矣。

　　孟子小时候父亲早逝，母亲对于孟子的教育非常重视。有一次孟子在家里背诵经典，母亲就在一旁边织布边陪着年纪尚小的孟子，孟子的背诵时断时续，母亲知道这是因为他对于经典的内容记忆不牢。按说新学习的知识记不牢也是正常的，但是孟母停下了手中的活计，严厉地问孟子："为什么停下来了？"小孟子如实回答："因为没有记牢。"孟母听罢，手起刀落，把辛苦织了很久的布一剪刀就剪断了，对于没有阶级地位，也没有经济支柱的母子两人来说，母亲手工织布就是两个人主要的经济来源。孟子见状大惊，看母亲的决心是如此之大，从此之后对于学习和记诵更加的毕恭毕敬。所以可以想见，孟子在后来以雄辩著称，出口成章尤其是对于《诗》《书》的内容如数家珍，应该是从小在母教的监督下打下的坚实基础。

　　除此之外，民间中广为流传的孟母三迁的故事，也出自《列女传》：

　　昔孟子少时，父早丧，母仉氏守节。居住之所近于墓，孟子学为丧葬，躄踊痛哭之事。母曰："此非所以居子也。"乃去，舍市，近于屠，孟子学为买卖屠杀之事。母又曰："亦非所以居子也。"继而迁于学宫之旁。每月朔望，官员入文庙，行礼跪拜，揖让进退，孟子见了，一一习记。孟母曰："此真可以居子也。"遂居于此。

　　孟母和小孟子一开始住在墓地旁边，她发现孟子学习丧葬的礼仪，每天居然痛哭不止，孟母觉得这样是不可以的，于是带着小孟子搬家，搬家搬到了屠宰场附件，孟子又对于宰杀和买卖表现出强烈的兴趣。母亲觉得还是不行，再次痛下决心带着孟子搬家，这次搬到了文庙旁边，看到每天官员入庙跪拜，弦歌之音不绝，孟母才放下心来，觉得母子两个是可以住在这个地方了。

孟子的母亲除了对他的教育非常重视之外，孟母也以"礼"的高标准要求孟子。《韩诗外传》记载过这样一件事情：

孟子妻独居，踞。孟子入户视之，白其母曰："妇无礼，请去之。"母曰："何也？"曰："踞。"母曰："何知之？"曰："我亲见之。"母曰："乃汝无礼耶，非妇无礼。《礼》不云乎：将入门，问孰存。将上堂，声必扬。将入户，视必下。不掩人不备也。今汝往燕私之处，入户不有声，令人踞而视之，是汝之无礼，非妇无礼也。"

孟子有次回家之后，告诉母亲他内心非常愤怒，他要休掉现在的妻子，母亲不知所以然，就问他为何。孟子说妻子独居的时候太不重视仪态，居然蹲在那里，还正好被孟子看到了。母亲就说根据礼制的要求，进门之前要事先敲门，让正在屋里面的人知道有人要进来了，所以可以有时间调整仪态，但是孟子回家了要进门，却没有事先通知自己的妻子，孟子违礼在先。孟子的母亲终其一生都对孟子严格要求，并且有理有据，所以孟子一直非常尊敬自己的母亲。《孟子》一书当中有不少关于孝行孝德的思考，他本人对于母亲也非常孝顺。孟子成年之后，母亲去世，他不仅把母亲的灵柩带回鲁国安葬，同时还给母亲做了非常精美的棺椁，这在春秋战国时期是有违礼制要求的，因为孟子薄葬父亲却厚葬母亲。但是孟子却认为，父亲去世的时候他们没有条件厚葬父亲，母亲去世了，他是有条件的，同时也是通过对于棺椁的重视，来表达对于母亲的思念。

关于孟子早年承受母教的这些事情，学界大部分学者都认为并非虚构。杨国荣先生在《孟子的哲学思想》一书当中，这样评价孟子早年的经历："孟母三迁与断杼教子的具体细节是否真实，现在已不可考，不过，孟子自幼受到严格的家庭教育，并主要在母亲的引导下走上诗书诵读的道路，这恐怕还是事实。对照孟子后来的思想，其早年的这些轶事似乎不完全是虚构。《孟子一书》的第一篇便记载了孟子与梁惠王关于义利的一段对话，孟子的基本观点是王何必曰利，亦有仁义而已。从中，我们不难看到早年经历的某些影响，孟子对功利的鄙视，其源似乎可以追溯到孟母有意远离集市的商贾牟利活动，如果孟子始终定居于商贩云集之地，并在商贩的叫卖声中度过了青少年时代，其后来的观点与思路也许会另有一番面目；又假定孟子未能从游乐中猛醒，其尔后的圣人气象或许也不易形成。"①

第三，私淑孔子

关于孟子学术的确切来源，学术界历来有两种说法，一种是孟子受业孔子之孙子思，一种是孟子受业孔子之孙子思之门人。

关于孟子师承子思的说法，汉代的刘向、班固，宋代的司马光和清代的毛奇龄都是其肯定和支持者。刘向在《列女传》中云："孟子旦夕勤学不息，师事子思，遂成天下之名儒。"《史记》云："轲亲受业孔伋之门。"韩愈也写道："孟轲师事子思，子思之学出于曾子。"然而到了近现代以来，又有部分学者认同司马迁在《史记·荀卿列传》的记载："孟轲，邹人也，受业子思之门人。"钱穆先生在《孟子要略》当中，也从这一说法，其中一有力理由就是，子思去世的时候大约是六十三岁，而出生于周烈王四年公元前 372 年的孟子，是在子思去世后五十年才出生的，从时间上来看不合。

不管受业子思还是子思门人，孟子的学问扎实又深厚，而且深得

---

① 杨国荣：《孟子的哲学思想》，华东师范大学出版社 2009 年版，第 6 页。

空门学术精髓，孟子曾经不止一次的表现出对于孔子的敬仰，虽然孟子的出生和成长距离孔子的趋势已经有一两百年之久，但是孟子对于孔子的学术风度和气象，仍然是心向往之。

第四，孟子游学授徒

孔子去世之后，孔子弟子也效法孔子，将他的思想进行传承和传播。《史记·儒林列传》记载："自孔子卒后，七十子之徒散游诸侯，大者为师傅卿相；小者友教士大夫，或隐而不见。故子路居卫，子张居陈，澹台子羽居楚，子夏居西河，子贡终于齐。如田子方，段干木，吴起，禽华釐之属，皆受业于子夏之伦，为王者师，是时独魏文侯好学。后陵迟以至于始皇，天下并争于战国，儒术既黜焉，然齐鲁之间，学者独不废也。于威、宣之际，孟子、荀卿之列，咸尊夫子之业而润色之，以学显当世。"孟子一生的事迹和孔子也有诸多相似之处，比如学问渊博，比如游说各国，比如开班授徒，比如道不行退而著书立说。

孟子生活的时代，正处于战国晚期。这是一个生产力迅速发展的时代，也是一个政治经济格局急速变化的时代。当时是，魏国的吴起首先开始变法图强，魏文侯当政的五十多年时间里面，先后启用法家人物励精图治，李悝、吴起、西门豹是当中的代表人物。李悝推行农业的徒弟改革，主张"重本抑末"，吴起大力发展军事实力，使魏国的军力一度为战国七雄之翘楚，除此之外，西门豹兴修水利，为农业发展助力，也取得了显著效果，国家综合实力显著增强。赵国不甘落后，也开始变法，赵烈侯在位期间提倡节用，赵武灵王"胡服骑射"，向少数民族学习，大胆改革军事体制，赵国也日渐强大。身居南方的楚国也不甘落后，吴起在楚悼王在位期间为楚国变法，楚军焕发出勃勃生机，甚至已经可以南平百越，北并陈蔡，却三晋，西伐秦，气势如虹，虽然在楚悼王时候，旧贵族对于吴起积怨已久，用乱箭将其射死，但是变法的精神已经在战国时期蔚然成风。在战国七雄的变法当中，最彻底最成功的当属秦国的商鞅变法。秦孝公于公元前 381 年到公元前 338 年在位，在秦孝公在位期间，两次任用商鞅变法图强。这次变法除了废除以往的世卿世禄的制度之外，还重视法令同时重农抑商，在商鞅变法的十年间，秦国一跃成为"兵革大强，诸侯畏惧"①的大国。

整个战国时期，各国都处在为了图强而寻找出路的焦虑和狂热之中，除了热衷于变法图强之外，各国还展开了军备竞赛，目的就是为了掠夺更多土地和人民。孟子就生活在这样一个既有山河锦绣，又有兵荒马乱的时代，时代特点决定了孟子一生的学术轨迹。"乃吾所愿，则学孔子也。"孟子在其游历过程当中，也饱受颠沛流离之苦，但是最后能够支撑他坚持下来的，就是他时时刻刻不忘继承孔子及儒家的救世精神。

根据钱穆先生考证，孟子是在周显王十二年也就是公元前 357 年首先到达了齐国，那个时候正好是齐威王元年，孟子尚且年轻，在齐国以及稷下学宫并没有太大的影响力。那个时候齐国学术中心稷下学宫，掌门人是淳于髡。在他的领导下，稷下学宫是齐国乃至整个中原地区都享有盛名的最高学术集聚地，招揽了一大批有独立思想和政治主张的学者慕名前来，而淳于髡本人既是学术权威，又非常有政治和外交才华，不仅能够在学术上振兴一方，也能够多次出色完成齐王交

---

① 《战国策》，上海古籍出版社 1985 年版，第 75 页。

予的政治使命，所以在齐威王、齐宣王、齐闵王三代国君当中，他主持稷下学宫长达半个世纪，非常受人敬重和深受国君倚赖。孟子则不同，当时到达稷下学宫的孟子年纪尚轻，而且他的一些观点和主流学术圈显得有些格格不入。根据《孟子》一书记载，在流连稷下学宫的若干年当中，作为一个年轻的、不受重视的、被边缘化的学者，孟子和稷下学宫的掌门淳于髡有过一次对话，并且被宝贵地记录下来了。

淳于髡曰："男女授受不亲，礼与？"

孟子曰："礼也。"

曰："嫂溺，则援之以手乎？"

曰："嫂溺不援，是豺狼也。男女授受不亲，礼也；嫂溺，援之以手者，权也。"

曰："今天下溺矣，夫子之不援，何也？"

曰："天下溺，援之以道；嫂溺，援之以手——子欲手援天下乎？"

淳于髡大概对于孟子这位年轻人秉持的政治理念有所耳闻，所以他大概是看不惯孟子固守礼制的主张，想要跟会会孟子，教训一下这个不识时务的年轻人。所以他和孟子的对话一开始就咄咄逼人地问，你们儒家说男女授受不亲是礼的规定，这没错吧，那如果同样作为女性的嫂子溺水了，你该怎么办？如果你固守礼制就眼看着嫂子溺亡，如果你可以伸手去救，那就说明儒家的礼是不识时务的假大空，随便的一种意外情况就可以被打破的。孟子回答的非常得体，他说，见到嫂子溺水了却不相救，那是禽兽不如。礼也是有礼有权的，这个"援之以手"，就是儒家最讲究的"权"。

从这段简短的对话就可以看出来，孟子有一流的口才和雄辩的逻辑，但是他和淳于髡的对话并不愉快，从理论到处事的方式，淳于髡不喜欢孟子的作风。所以孟子第一次入齐，就显露了自己耿直的个性和对理想政治形态高度的忠诚，这也不难想见，他在不久的将来会以被边缘化和郁郁不得志告终。

孟子除了和主流格格不入之外，他在交友方面也是相当的特立独行。在为数不多的史料记载当中，孟子和在齐国背负骂名的将军匡章一度走得很近，而且匡章虽然在战场上勇猛，但是令世人无法接受的一点就是匡章不孝。一向是以孝名孝行闻名的孟子，却和匡章交友，实在是让世人不能理解，不仅是齐国的旁观者不能理解，就连跟随孟子的学生都不能理解。在《孟子·离娄下》里面，记载了孟子学生公都子和老师的一段对话：

公都子曰："匡章，通国皆称不孝焉，夫子与之游，又从而礼貌之，敢问何也？"

孟子曰："世俗所谓不孝者五：惰其四支，不顾父母之养，一不孝也；博弈好饮酒，不顾父母之养，二不孝也；好货财，私妻子，不顾父母之养，三不孝也；从耳目之欲，以为父母戮，四不孝也；好勇斗狠，以危父母，五不孝也。章子有一于是乎？夫章子，子父责善而不相遇也。责善，朋友之道也。父子责善，贼恩之大者。夫章子，出妻屏子，终身不养也。其设心以为不若此，是则罪之大者，是则章子已矣。"

面对世人的诽谤和弟子的不理解，孟子阐释了自己对于"不孝"的理解，一般人所理解的不孝，基本上不出这五种情况：第一，好吃懒做，不事生产，不管父母死活；第二，玩物丧志，贪恋下棋饮酒等，颓废堕落，不管父母死活；第三，贪恋钱财，偏袒妻子儿女，不管父母死活；第四，纵情声色犬马，放纵耳目的欲望，使父母受到耻辱；第五，逞勇力好打架，危害了父母安全，让父母为自己提心吊胆。这五种不孝，匡章占了任何一条吗？并没有。如果说匡章有错，那也是错在匡章指出了父亲的错误。作为儿女是不应该和父母"责善"的，"责善"是朋友之间，平等关系之间才做的事情，他是缺乏分寸感。那也是因为匡章的父亲把自己的妻子，把匡章的妈妈杀掉了，这个父亲于情于礼，有错在先。所以匡章没有错，为什么不能与他交友呢？

虽然孟子在齐国期间，并没有受到很大的礼遇，但是对于孟子为人和为学，久而久之齐国的国君齐威王也有所耳闻。但是孟子迟迟没有下定决心离开，因为年迈的母亲实在是不适合跟着自己颠沛流离。《烈女传·邹孟轲母》曰：

孟子处齐，而有忧色。孟母见之 曰："子若有忧色，何也？"孟子曰："不敏。"异日闲居，拥楹而叹。孟母见之曰："乡见子有忧色，曰不也，今拥楹而叹，何也？"孟子对曰："轲闻之：君子称身而就位，不为苟得而受赏，不贪荣禄。诸侯不听，则不达其上。听而不用，则不践其朝。"今道不用于齐，愿行而母老，是以忧也。"孟母曰："夫妇人之礼，精五饭，幂酒浆，养舅姑，缝衣裳而已矣。故有闺内之修，而无境外之志。易曰：'在中馈，无攸遂。'诗曰：'无非无仪，惟酒食是议。'以言妇人无擅制之义，而有三从之道也。故年少则从乎父母，出嫁则从乎夫，夫死则从乎子，礼也。今子成人也，而我老矣。子行乎子义，吾行乎吾礼。"君子谓孟母知妇道。诗云："载色载笑，匪怒匪教。"此之谓也。

当时孟子已经获得了稷下学宫列大夫的位置，有丰厚的薪水和不错的位置，齐威王还派人向孟子赠送了百金，表达对于孟子的敬重以及希望他继续留下来的诚意。但是孟子没有接受，因为齐国的上层并不认可他的理念，他哪怕是接受了这百金，也于心不安。但是母亲年老体迈身体孱弱，实在不适合长途颠簸，虽然孟母看出了孟子的志向，让他尽管去租自己认为正确的事情，孟子仍然不能够撇下老母亲于不顾。就在孟子决定在齐国留下来的时候，孟母因病去世了。

孟子把母亲的灵柩带回鲁国，按照儒家三年之丧的礼制，从公元前327年到公元前324年，为母亲守丧三年。齐威王三十三年，孟子为母亲举行了隆重的葬礼，当时人对于孟子的行为颇有微词，包括孟子的学生，也不太理解老师的做法，因为在春秋战国时期，根据礼制的要求，母亲的葬礼规格不能超过父亲，也不能够和阶级不相匹配。

孟子自齐葬于鲁，反于齐，止于嬴。充虞请曰："前日不知虞之不肖，使虞敦匠事。严，虞不敢请。今愿窃有请也，木若以美然。"

曰："古者棺椁无度，中古棺七寸，椁称之。自天子达于庶人。非直为观美也，然后尽于人心。不得，不可以为悦；无财，不可以为悦。得之为有财，古之人皆用之，吾何为独不然？且比化者，无使土亲肤，于人心独无恔乎？吾闻之也，君子不以天下俭其亲。"

在对待母亲去世的态度上，孟子也明确了自己对于孝的立场，除了礼制要求的守丧三年之外，孟子掷地有声地说："君子不以天下俭其亲。"

母亲去世后，孟子又再次回到了齐国，但是对于齐国这个国家，他已经没有了太多挂碍，学术有淳于髡等人把持，当政者对于他所坚持的仁政思想并不感兴趣，他们需要提供一种速成的方案，而不是孟子终日挂在嘴边的对百姓好，行仁政，不事兵戈。急功近利的君主在孟子眼里就是七年之病求三年之艾，他看出问题所在，可是对面这位病人的荒诞要求他无能为力。

孟子再次启程，他从齐国来到了宋国。孟子之所以选择宋国这小国，是因为宋国刚刚即位的君主宋偃王，已经明确表示要施行仁政，并且广纳贤才，在齐国听说消息的孟子受到了极大的鼓舞，他一直在苦苦等待的就是这一天。这一年，孟子五十岁，听到消息之后马上带着弟子奔赴宋国。弟子不理解，不明白为什么老师要舍弃齐国安逸的学者生活和不菲的收入，到宋国去吃苦受罪，更何况老师在宋国没有丝毫根基，国君是否接受他们，当地的学术风气如何，民风是否纯良忠厚？这些老师都没有放在心上。学生们心里没底，于是就有了孟子的高徒万章和孟子的一段小心谨慎的对话：

万章问曰："宋，小国也。今将行王政，齐楚恶而伐之，则如之何？"

孟子曰："汤居亳，与葛为邻，葛伯放而不祀。汤使人问之曰：何为不祀？曰：无以供牺牲也。汤使遗之牛羊。葛伯食之，又不以祀。汤又使人问之曰：何为不祀？曰：无以供粢盛也。汤使亳众往为之耕，老弱馈食。葛伯率其民，要其有酒食黍稻者夺之，不授者杀之。有童子以黍肉饷，杀而夺之。《书》曰：葛伯仇饷。此之谓也。为其杀是童子而征之，四海之内皆曰：'非富天下也，为匹夫匹妇复雠也。汤始征，自葛载，十一征而无敌于天下。东面而征，西夷怨；南面而征，北狄怨，曰：奚为后我？民之望之，若大旱之望雨也。归市者弗止，芸者不变，诛其君，吊其民，如时雨降。民大悦。书曰：'徯我后，后来其无罚。'有攸不惟臣，东征，绥厥士女，匪厥玄黄，绍我周王见休，惟臣附于大邑周。其君子实玄黄于匪以迎其君子，其小人箪食壶浆以迎其小人，救民于水火之中，取其残而已矣。太誓曰："我武惟扬，侵于之疆，则取于残，杀伐用张，于汤有光。不行王政云尔，苟行王政，四海之内皆举首而望之，欲以为君。齐楚虽大，何畏焉？"

万章对于宋这样的小国试图通过施行仁政的方式实现综合国力方面的弯道超车表示担忧，毕竟齐楚等大国不可能对于宋国的新动作置若罔闻，他们一定会想尽办法进行干涉。但是孟子则完全不担心这件事情。他举了历史上有名的贤君商汤的例子，当时商汤征讨无道的葛国，百姓知道了都盼望着商汤赶快来攻打他们的国家，拯救他们于水火，这就是仁德的力量，和国家大小无关，只要是愿意施行仁政，最终获得百姓拥护，这个国家将会像是商朝的崛起历程一样，由小到大，由弱到强，最终战无不胜，所向披靡。孟子还是坚持自己那段信心满满的话：

"以力假仁者霸，霸必有大国；以德行仁者王，王不待大。汤以七十里，文王以百里。以力服人者，非心服也，力不赡也；以德服人者，中心悦而诚服也，如七十子之服孔子也。《诗》云："自西自东，自南自北，无思不服。"此之谓也。

孟子来到宋国，发现他的主张在宋国同样难以施展。虽然他的主张正确，虽然他的理想坚韧，但是却很难施展。他在宋国居留的时候，孟子和另外一个小国滕国的世子有过两次会面，而这个世子滕定公就是不久将来滕国的国君。滕定公打算去到楚国，正好经过宋国，那时候孟子已经在坊间享有名气，孟子见到滕定公跟他有一番语重心长的话：

滕文公为世子，将之楚，过宋而见孟子。孟子道性善，言必称尧舜。

世子自楚反，复见孟子。孟子曰："世子疑吾言乎？夫道一而已矣。成规谓齐景公曰:'彼,丈夫也;我,丈夫也;吾何畏彼哉?'颜渊曰:'舜,何人也?予,何人也?有为者亦若是。'公明仪曰:'文王,我师也;周公岂欺我哉?'今滕,绝长补短,将五十里也,犹可以为善国。《书》曰:'若药不瞑眩,厥疾不瘳。'"

他希望世子向尧舜学习,虽然地方不大,但是仍旧可以实行仁政,成就一番霸业。滕文公非常认同孟子的意见,后来在他的父亲滕定公去世的时候,滕文公力排众议,采纳了孟子的意见,不仅丧尽其哀,而且还坚持了已经不行许久的三年之丧,四方之人无不感到触动,对于滕文公信服有佳。所以其实孟子所主张的仁政思想并非不现实,只是需要执行的决心。

滕定公薨,世子谓然友曰:"昔者孟子尝与我言于宋,于心终不忘。今也不幸至于大故,吾欲使子问于孟子,然后行事。"

然友之邹问于孟子。孟子曰:"不亦善乎!亲丧,固所自尽也。曾子曰:生,事之以礼;死,葬之以礼,祭之以礼,可谓孝矣。'诸侯之礼,吾未之学也;虽然,吾尝闻之矣。三年之丧,齐疏之服,飦粥之食,自天子达于庶人,三代共之。"

然友反命,定为三年之丧。父兄百官皆不欲,曰:"吾宗国鲁先君莫之行,吾先君亦莫之行也,至于子之身而反之,不可。且志曰:'丧祭从先祖。'曰:'吾有所受之也。'"谓然友曰:"吾他日未尝学问,好驰马试剑。今也父兄百官不我足也,恐其不能尽于大事,子为我问孟子。"

然友复之邹问孟子。孟子曰:"然,不可以他求者也。孔子曰:'君薨,听于冢宰,歠粥,面深墨,即位而哭,百官有司莫敢不哀,先之也。'上有好者,下必有甚焉者矣。'君子之德,风也;小人之德,草也。草尚之风,必偃。'是在世子。"

106

然友反命。世子曰："然，是诚在我。"五月居庐，未有命戒。百官族人可，谓曰知。及之葬，四方来观之。颜色之戚，哭泣之哀，吊者大悦。

孟子在滕国待了两年多的时间，虽然受到了滕文公极高的礼遇，但是孟子还是继续上路，毕竟滕国太小，能够施展的空间有限，离开之后，孟子来到了战国七雄当中享有重要地位的魏国。魏国是公元前403年韩赵魏三家分晋之后建立的，而在周威烈王承认他们正式诸侯国地位的时候，这三家已经野蛮生长到可以和老牌诸侯强国所并驾齐驱了，在军事实力，经济实力还有文化软实力等方面都丝毫不逊色。到了孟子所处的时代，三家分晋当中的魏国先是经历了改革后的强大与辉煌，又正处于被秦国和楚国赶超之后的低谷和失落，此时的魏惠王也就是《孟子》里面出现梁惠王对于国家日渐衰颓的形式焦虑无比，迫切的想要找到迅速的强国之路。听说智者孟子到了魏国，他心急火燎地召见了孟子。

孟子见梁惠王。王曰："叟！不远千里而来，亦将有以利吾国乎？"孟子对曰："王何必曰利？亦有仁义而已矣。王曰'何以利吾国？'大夫曰'何以利吾家？'士庶人曰'何以利吾身？'上下交征利而国危矣。万乘之国，弑其君者，必千乘之家；千乘之国，弑其君者，必百乘之家。万取千焉，千取百焉，不为不多矣。苟为后义而先利，不夺不餍。未有仁而遗其亲者也，未有义而后其君者也。王亦曰仁义而已矣，何必曰利？"

梁惠王第一次见到孟子，态度并没有十分尊重，他直呼孟子说，老头儿，你千里迢迢赶来，对我的国家有什么用呢？孟子说了一番话，阐述了自己对于义和利的看法，如果人人都在谈利，那是没有尽头的，诸侯比君主野心大，臣子比诸侯野心大，一个人因为什么而来，就一定为因为什么而去，因为利而来，就一定会因为没有了利而离去，所以想要稳定国家，让国家强大，不是强调利，而是强调义，只有义才是唯一值得追逐的东西，也是最稳定，最能够润化人心于无形的。经过这次谈话，梁惠王明显对于孟子的态度软化很多，所以在之后找孟子问政的时候，他的态度比初次见面的时候恭敬不少。

梁惠王曰："寡人之于国也，尽心焉耳矣。河内凶，则移其民于河东，移其粟于河内；河东凶亦然。察邻国之政，无如寡人之用心者。邻国之民不加少，寡人之民不加多，何也？"

孟子对曰："王好战，请以战喻。填然鼓之，兵刃既接，弃甲曳兵而走。或百步而后止，或五十步而后止。以五十步笑百步，则何如？"

曰："不可！直不百步耳，是亦走也。"

曰："王如知此，则无望民之多于邻国也。"

"不违农时，谷不可胜食也；数罟不入洿池，鱼鳖不可胜食也；斧斤以时入山林，材木不可胜用也。谷与鱼鳖不可胜食，材木不可胜用，是使民养生丧死无憾也。养生丧死无憾，王道之始也。

"五亩之宅，树之以桑，五十者可以衣帛矣。鸡豚狗彘之畜，无失其时，七十者可以食肉矣。百亩之田，勿夺其时，数口之家可以无饥矣；谨庠序之教，申之以孝悌之义，颁白者不负戴于道路矣。七十者衣帛食肉，黎民不饥不寒，然而不王者，未之有也。

"狗彘食人食而不知检，涂有饿莩而不知发，人死，则曰：'非我也，岁也。'是何异于刺人而杀之，曰：'非我也，兵也？'王无罪岁，斯天下之民至焉。"

孟子在魏国待了几年之后不见任用，尤其是梁惠王的儿子梁襄王即位之后，更是望之不似人君，对于现实感到失落的孟子，再次离开，几经周折，又回到了齐国。

此时齐国的国君已经是齐宣王，齐宣王以齐桓公和晋文公为榜样，非常想要成就一番霸业，除了实行仁政之外，孟子还对齐宣王阐发了"王道"的主张，希望齐宣王不要像齐桓公和晋文公一样纠结于短暂的霸业，和王道精神相比，霸道太过于短视了。

公元前 312 年，孟子最终还是离开了齐国踏上了回到邹国的旅程，这一年孟子 61 岁。和孔子晚年的轨迹相似，孟子退而著书和自己的高徒万章等人著书立说，写下了势吞山河的千古文字，同时和农家、纵横家等各家相互辩诘，让儒家正统思想越辩越明，如日月般昭昭。

2. 孟子思想地位

孔子所处的时代，正是周王室衰微、王道不行的时代。当是时，儒家、墨家并称当世显学，并且俱道尧、舜、禹、汤、文、武、周公。虽说儒墨两家取舍不尽相同，但是都共同尊仰尧舜等上古圣王。武王功业未成而死，成王尚且年幼，因此周公制礼作乐，七年天下太平，人莫不归心[1]，因此制礼作乐当是周公对于后世文化最大的贡献，就像是钱穆先生说的："今论周公在中国史上之主要活动，及其对于中国传统文化之主要贡献，则厥为其'制礼作乐'之一端。"[2] 周公封儿子伯禽于鲁曲阜，伯禽在鲁国美化了习俗，修善了礼仪，鲁昭公二年，晋国的国君派韩宣子到鲁国来访问，韩宣子看到先王的诗书礼乐之教在

---

① 《礼记·明堂位》
② 钱穆：《中国学术思想史论丛》，九州出版社 2010 年版，第一册。

鲁国保存完好,不由感叹道:"周礼尽在鲁矣!"① 无奈隐公以下,世道衰微,礼崩乐坏,孔子希望"克己复礼",因而其生平所学所愿都在于周公之学,如子曰:"郁郁乎文哉!吾从周"、"吾其为东周乎?"——周公去尧舜之治有上千年,孔子又是后周公六百年而生,这加起来这不短的时间,也没有影响孔子对于周公及西周之治的认同和皈依。

孔子生平之学,最仰慕周公,周公制礼作乐,孔子则承绍了礼乐的精神;周公讲"宗庙制度",孔子也对"八佾舞于庭"表示忍无可忍。孔子所在的时代,礼乐作为天子制约诸侯的制度工具已经逐渐式微,但是仍旧在日常用行层面有普遍的影响力和约束力,遵守礼制的国家会受到尊敬,齐国就曾经打着尊礼的旗号获得了其他诸侯国的政治认同,而鲁国虽然经济军事实力不强,仍是当仁不让的礼仪之邦,别国也不敢轻易来犯。

截至唐代,孔子一直是和周公并崇的。钱穆先生在《周公与中国文化》当中也这样指出:"中国文化,以儒学为其主要之骨干,此皆尽人皆知。然传统儒学本身,乃有一重大转变。即在唐以前,每以周公与孔子并尊,而自宋以后,则以孟子与孔子并尊是也。此一转变,实有其内在甚深之涵义。"周公尊为先圣,孔子尊为先师,合称"周孔","周孔之道"便意指儒家的内圣外王之学:"夫陛下疏周孔之道而亲老氏之术,臣恐天下搢绅之士翕然向风,皆舍儒而崇老以渎朝廷,此非陛下之福也。"②

汉代之时,学者虽常常引用孟子的文章,但是非议孟子学说的也

---

① 王云五主编:《春秋左传今注今译》,昭公二年,商务印书馆股份有限公司1993年版。
② 黄宪:《天禄阁外史》,商务印书馆,民国二十五年1936年版。

不在少数，比如王充作《刺孟》，专攻孟子一书中的阴阳两面。唐代之前，《孟子》一直是列为子学的。唐代之后，孟子地位升格。宋儒反对汉儒通经致用、王霸杂用的经典处理形式，以为孟子发明孔子之道有功，因而《孟子》一书列为十三经之一，孟子其人也得以在宋元丰七年配享孔子，在颜回、曾参之后进入配享行列。后来荀况、扬雄、韩愈、子思等儒家学者相继从祀。明朱元璋在位期间，曾经一度下令罢除孟子配享文庙，不久后又配享如故。

孟子思想在上升过程中，一直伴随着尊孟和折孟两种思潮。何涉《删孟》、李觏《常语》、张俞《论韩愈称孟子 功不在禹下》、刘敞《明舜》、刘恕《资治通鉴外纪》、司马光《疑孟》、陈次公《述常语》、晁说之《奏审皇太子读孟子》等文章专为非孟，而二程、王安石、胡宏的《释疑孟》、张九成的《孟子传》、余允文的《尊孟辨》、朱熹的《读允隐之〈尊孟辨〉》等则尊崇孟子。这场论战声势浩大，有为学术而辨的，也有为诋毁而诋毁的，清代的《四库全书总目》当中这样记载："至于因安石附会周礼而诋周礼，因安石尊崇孟子而抑孟子，则有激之谈，务与相反。惟以恩怨为是非，殊不足为训。盖元祐诸人，实有负气求胜，攻讦太甚，以酿党锢之祸者。贤智之过，亦不必曲为讳也，取其大旨之正可矣"，便是明证。有些言辞确实攻讦太甚，只为一时的负气求胜，不过孟子作为孔子后学的地位是没有问题的。孟子在书中曰："乃吾所愿则学孔子"，但是孟子在他所在的时代尚且远远不能够同他所私淑的先师同日而语；孔子殁后的儒家八派后学之中，荀子以为孟子之学"略法先王而不知其统，犹然而材剧志大，闻见杂博"[①]，

---

① 王先谦：《荀子集解》，中华书局 2011 年版，第 278 页。

谓后世学者应当法仲尼子弓，以子弓并孔子。韩非子认为"故孔、墨之后，儒分为八，墨离为三，取舍相反不同，而皆自谓真孔、墨，孔、墨不可复生，将谁使 定世之学乎？孔子、墨子俱道尧、舜，而取舍不同，皆自谓真尧、舜，尧、舜不复生，将谁使定 儒、墨之诚乎？"[①] 认为八儒都没有能够纯正的师范孔子之道。

据有学者考证，孔孟并称大概兴起于魏晋之时，到了宋代，学者郑叔友非议道："轲诵仁义卖仁义者，也安得为仲尼之徒欤。嗟乎！孔子生而周尊，孟轲生而周绝，何世人一视孔孟之心，《记》曰：'儗人必于其伦'。宁从汉儒曰'孔墨'"。将孔孟并称视作"不伦"，质疑孟子虽然专言仁义，但是在衰世当中并没有尽到儒者仁人的责任，且孟子师从子思，为子思门人，而子思又是孔子之孙，有违人伦礼仪。后来朱子特撰文驳郑氏，认为前者对于孟子的非难是"诡僻颠倒"："大抵未知孟子所传者何事，故其论诡僻颠倒如此也。"而且不过是历代以来对于孟子攻讦的陈腐之论，无甚新意。后来在朱子的不懈推动下，孔孟并称的局面在宋代就基本定型和稳固了孔子为圣人，孟子为亚圣，到现在基本上形成了孔孟并举的学术地位。

3. 孟子的基本主张

第一，性善论

孟子思想当中有很多关键词和闪光点，对于人性和天地的观察，涵盖在孟子对于"心"、"性"、"天"、"命"等概念的阐释当中，其中最为核心的概念，讲就是孟子道性善，心性、天命等，都是基于孟子

---

① 杨家骆主编：《韩非子集释》，世界书局 1991 年第四版。

对于人性善的确认而提出的，包括他的仁政学说，王霸思想，都是建立在人性善的基础上，相信性善自然流行。孟子同时代人对于人性也已经有了很多观察，包括告子的"性无善无不善说"，"性可以为善可以为不善说"，还有"有性善行不善说"，但是唯独孟子在继承儒家人性论基础上，更进一步确定了"人性善"的说法，表现出极强的人文主义精神和乐观主义。

公都子曰："告子曰：'性无善无不善也。'或曰：'性可以为善，可以为不善；是故文、武兴，则民好善；幽、厉兴，则民好暴。'或曰：'有性善，有性不善。是故以尧为君而有象，以瞽瞍为父而有舜；以纣为兄之子，且以为君，而有微子启、王子比干。'今曰'性善'，然则彼皆非与？"（《孟子·告子上》）

孟子的人性学说首先是从孟子所提出的"四端之心"开始的，孟子曰：

"人皆有不忍人之心。先王有不忍人之心，斯有不忍之政矣。以不忍人之心，行不忍人之政，治天下可运之掌上。所以谓人皆有不忍人之心者，今人乍见孺子将入于井，皆有怵惕恻隐之心——非所以内交于孺子之父母也，非所以要誉于乡党朋友也，非恶其声而然也。由是观之，无恻隐之心，非人也；无羞恶之心，非人也；无辞让之心，非人也；无是非之心，非人也。恻隐之心，仁之端也；羞恶之心，义之端也；辞让之心，礼之端也；是非之心，智之端也。人之有是四端也，犹其有四体也。有是四端而自谓不能者，自贼者也；谓其君不能者，贼其君者也。凡有四端于我者，知皆扩而充之矣，若火之始然，泉之始达。苟能充之，足以保四海；苟不充之，不足以事父母。"

辞让之心，羞恶之心，是非之心和恻隐之心这四心当中，恻隐之心是最根本最重要的一心，这四心不是后天形成的，而是先验的、自然形成的，是与生俱来的。

第二，王道观

孟子所生活的是怎样一个纷乱的时代？刘向在《战国策》里面有这样一段气势磅礴的形容：

"仲尼既没之后，田氏取齐，六卿分晋，道德大废，上下失序。至秦孝公，捐礼让而贵战争，弃仁义而用诈谲，苟以取强而已矣。夫篡盗之人，列为侯王；诈谲之国，兴立为强。是以转相放效，后生师之，遂相吞灭，并大兼小，暴师经岁，流血满野，父子不相亲，兄弟不相安，夫妇离散，莫保其命，憨然道德绝矣。晚世益甚，万乘之国七，千乘之国五，故侔争权，尽为战国。贪饕无耻，竞进无厌；国异政教，各自制断；上无天子，下无方伯；力功争强，胜者为右；兵革不休，诈伪并起。当此之时，虽有道德，不得施设。有谋之强，负阻而恃固，连与交质，重约结誓，以守其国。故孟子、孙卿儒术之士，弃捐于世，而游说权谋之徒，见贵于俗。是以苏秦、张仪、公孙衍、陈轸、代、厉之属，生从横短长之说，左右倾侧。苏秦为从，张仪为横；横则秦帝，从则楚王；所在国重，所去国轻。"[①]

孟子所处在这样风云诡谲的时代注定了他对于现世政治有很多思考。王道首先是以伦理道德为规范和准绳的。孟子讲父子之伦，"事孰为大，事亲为大"。孟子讲兄弟之伦，"仁之实，事亲是也；义之实，从兄是也。"夫妇之伦，孟子也很重视，"女子之嫁也，母命之；往，送之门，戒之曰：往之女家，必敬必戒，无违夫子。以顺为政

---

① 刘向集录：《战国策》，上海古籍出版社 1985 年版，第 1196 页。

者，妾妇之道也。"君臣之伦，孟子更是视为重中之重，但是也保有自己的界限："责难于君谓之恭，陈善闭邪谓之敬，吾君不能谓之贼。"

孟子所处的时代是"圣王不作，诸侯放恣，处士横议"的动荡变革时期，孟子适齐，齐王子质疑孟子士追求的是什么，言外之意便是既没有公、卿、大夫之地位，又没有农、工、商、贾那样安身立命的职业，士人显得有些游手好闲，面对他的诘问孟子不假思索的回答说，"志"便是士用以安身立命的东西。志和道是相通的两个方面："当其求时，犹未及行，故谓之志；及其行时，不止于求，故谓之道。""道"无声无臭，无法言说，不具有任何客观的外在形式，因而国家之重心、社会之斗南，完全托付在这些"下学上达"的士子之手，他们的努力关乎着道能否生生不息、大化流行于天地间。因此孟子认为，士应当是一群才智出众、道德高超的君子："君子所以异于人者，以其存心也。君子以仁存心，以礼存心。仁者爱人，有礼者敬人。爱人者，人恒爱之；敬人者，人恒敬之。有人于此，其待我以横逆，则君子必自反也：我必不仁也，必无礼也，此物奚宜至哉？"他们不仅熟悉儒家经典，研习礼乐制度，而且他们注重修己，以弘道为己任；他们以王道为政治理想，敢于对权贵说真话，并且不为强权和异端所宰制。因此孟子讲"故士穷不失义，达不离道。穷不失义，故事得几焉；达不离道，故民不失安焉。古之人，得志，泽加于民，不得志，修身见于世。穷则独善其身，达则兼济天下。"也就是说君子不论在朝在野、得意失意，都要以弘道为己任。真正的君子或许为数不多，但是他们代表着社会良心和文化权威，而且他们的确是罕见的具有象征性的人群，他们对现实世界有毫不妥协的看法，从高处向芸芸众生乃至享有政治权威的天子发出振聋发聩的劝勉和警告，他们需要维护的是不属于那个时代的道义的永恒的标准。

第三，大丈夫精神

孔子所在的春秋时代，士已经是一个阶层，但并不是这个集团的人都配得上这个称号，只有求道弘道之人才可被认为是"士"："士而怀居，不足以为士矣。"在孔子那里，士被赋予了鲜明的道德性格，而且"道"是士终生孜孜以求的目标："士志于道，而耻恶衣恶食者，未足与议也。同样，孟子认为士应有一定的超越性，这个超越性主要体现在士对于仁义的彰显和自觉维护上："王子垫问曰：'士何事？'孟子曰：'尚志。'曰：'何谓尚志？'曰：'仁义而已矣。杀一无罪非仁也，非其有而取之非义也。居恶在，仁是也；路恶在，义是也。居仁由义，大人之事备矣。'"

为了重建政治和社会秩序，传统中国知识分子毅然选择了一条"知其不可而为之"道路："子路宿于石门。晨门曰'奚自？'曰：'自孔氏。'曰：'是知其不可而为之者与？'"这句话出自一个不知名的守城者之口，不仅体现了时人对于像孔子这样知书识礼、希求得君行道的知识分子的讥讽，也生动展现了士那种勤勉、执念、下学上达之赤子之心。这种精神背后，是儒家一种坚定的救世情怀，孟子深味"知其不可而为之"的无奈："我亦欲正人心，息邪说，距诐行，放淫辞，以承三圣者，岂好辩哉？予不得已也。"

孟子心目中的士绝不是远离现实关注的人，他们知书相礼，言必称尧舜，关心政治却并不一味迎合政治；他们以弘道为己任，常常直言无隐，故甚至不惜冒着被贬谪、放逐，付出生命代价的风险；他们柔仁宽厚，常怀恻隐之心，见孺子溺井之类的事情绝不会袖手旁观。这种"宁鸣而死，不默而生"的乌鸦精神使他们即便在权势熏天、万马齐暗的衰世也不愿曲学阿世。士有一种刚毅宏大的责任感，因而不肯伏在案几前只做书斋型学者。

孟子为实现自己的政治理想奔波于各诸侯国之间二十余年，期望在某一诸侯国可以得君行道，实现自己的抱负。他自在邹出仕后，曾经两次至齐，希望在齐施行仁政，他言辞犀利、不留情面，有时使齐宣王"勃然变乎色"，有时使齐宣王"顾左右而言他"，即便如此其主张一直没有被很好采纳。齐国伐燕，齐宣王问孟子是否可以取燕，孟子告之"取之而燕民悦则取之，取之而燕民不悦则勿取"，但是齐王还是一意孤行地去攻打燕国，这时孟子又建议"速出令，反其旄倪，止其重器，谋于燕众，置君而后去之，则尤可及至也。"齐宣王不听，结果燕人反叛导致齐军大败，齐宣王不得不说"吾甚惭于孟子！"因为看不到仁政主张在齐国的未来，孟子怀着深深地失望离开了齐国，在归邹途中他刻意滞留三宿，希望齐王可以有所改变："王如改诸，则必反予。夫出昼，而王不予追也，予然后浩然有归志。予虽然，其舍王哉！王庶几改之！予日望之！"心系天下是士的光辉传统，孟子就是一个最典型的代表。他在梁惠王、齐宣王等君王面前表现出的那种不卑不亢、不附权贵、凛然不可侵犯的铮铮铁骨和浩然正气，那种基于仁政思想针砭朝政、教斥君王、为民请命、嫉恶如仇的大无畏气概，知识分子树立了一个光辉的楷模。

第三节　荀子生平和基本思想

1. 荀子思想研究现状

儒家学说源自孔子，孟子一直被奉为儒学正宗，而荀子也是战国末年的大儒，在齐国稷下学宫三为祭酒，是先秦儒家之重要人物，在先秦两汉儒学发展史上卓有创建，并且在经学历史上，也占有重要地位。

荀子的学说是兼顾内圣和外王的。因此，荀子思想从战国到秦汉受到关注，司马迁把孟子和荀子并列，视荀子为孔子之道在战国的继承者和光大者。汉代刘向校理群书，在编定《荀子》32 篇之后，《荀子》在很长一段时间之内并没有得到重视。又由于荀子以主张性恶著称，宋儒称荀子为："荀子才道性恶，便大本已坏"，不仅对于荀子思想加以抹杀，而且甚至不惜以洪水猛兽视之。因此，同样作为先秦大儒，孟子在思想史的地位如果说是"大起大落"的话，那荀子就只能用"每况愈下"来形容了。就像是齐思和在《荀子引得》序言当中说的："余维太史公叙列诸子，以孟荀同传，于二子未尝轩轾也……清汪容甫著《荀卿通论》，以为'盖自七十子之徒既没，汉诸儒未兴，中更韩国暴秦之乱，六艺之传，赖以不绝者，荀子也。'荀学之行，于斯为盛。至唐韩愈始以荀子之言为'大醇小疵'，自是学者不以荀子为醇儒。至宋孟子大行，列之为〈四书〉，尊之为一经。尊孟则不得不抑荀，遂诋其言为异端之说，摒其学于道统之外，甚或举暴秦之罪，尽归之荀卿。虽通人雅士，于其书鲜寓目者，而荀学几绝矣。"

一直到清代中期，荀子学说才渐渐摆脱了前人的偏见。到了近代，荀子学在被宋明理学家排斥上千年之后，又进入人们的视野。梁启超认为荀子是专制政治的罪魁祸首，他说："自秦汉之后，政治学术，皆出于荀子。"谭嗣同也有类似的观点，他说："故二千年来之政，秦政也，皆大盗也；二千年来之学，荀学也，皆乡愿也。"[1] 唐

---

① 蔡尚思等编：《谭嗣同全集》，中华书局 1981 年版，第 337 页。

才常说得更加彻底："荀子开历代网罗钳束之衔。"

荀子虽然是儒家思想的代表人物，但是其思想有吸收法家思想的痕迹，并且著名的法家代表人物李斯和韩非均是荀子后学，所以荀子一度被当成法家的代表人物，被当作是孔子和孟子的对立方，又因为荀子有"人定胜天"的理论表述，所以他的思想一度被放在唯物主义的框架当中理解和表彰，忽略了其真正的理论价值，所以对于荀子的研究，一直不够深入，没有真正进入荀学的理论深处。

牟宗三先生在他的《名家与荀子》一书当中，透露出自己对于荀子研究现状的不满："荀子之学，历来无善解"，原因在于宋明儒学"不识性"，纠结于荀子性恶论；近代以来儒学研究又"不识礼义之统"，对于《正名篇》过分关注，导致不能了解荀子思想的大体。

基本上来说，在很长一段时间内，对于荀子的研究都是以孟子为轴心和评判标准的，可喜的是，近二十年来，在学人已经逐渐认识到，荀子思想不应当再以孟学为本位，荀子自有其应当的地位。所以近几十年来，不仅关于荀学的研究成果丰厚，而且以邯郸学院和中国人民大学国学院为中心，举办了多次两岸学者交流荀学的大型会议，对于荀学新发展大有裨益。梁启超说："吾辈对于国中伟大思想家，莫不欲确知其年代及其行历。然而世愈古则所知愈少，故思想界关系最大之先秦诸子，其事迹往往绝无可考，或仅有单词孤证，不能窥全迹十之一二。如荀卿者，著书虽数万言，而道本身历史姝少。《史记》虽有列传，而文甚简略，且似有讹舛。故非悉心考证不足以语于知人。"对于荀子也是一样，所谓知人论世，了解思想家生活的年代，才能够更好的了解其思想。

2. 荀子生平

荀子虽然为一代鸿儒，但是关于他生平的记述并不详细。关于荀子生平，历代学者多有考证，从现有文献对于荀子生平的记载，大概列举如下：

《史记·孟子荀卿列传》有曰：

荀卿，赵人，荀卿，赵人。年五十始来游学于齐。驺衍之术迂大而闳辩；奭也文具难施；淳于髡久与处，时有得善言。故齐人颂曰："谈天衍，雕龙奭，炙毂过髡。"田骈之属皆已死齐襄王时，而荀卿最为老师。齐尚修列大夫之缺，而荀卿三为祭酒焉。齐人或谗荀卿，荀卿乃适楚，而春申君以为兰陵令。春申君死而荀卿废，因家兰陵。李斯尝为弟子，已而相秦。荀卿嫉浊世之政，亡国乱君相属，不遂大道而营于巫祝，信祥，鄙儒小拘，如庄周等又猾稽乱俗，于是推儒、墨、道德之行事兴坏，序列著数万言而卒。因葬兰陵。

《史记·春申君列传》曰：

考烈王元年，以黄歇为相，封为春申君，赐淮北地十二县。楚考烈王无子，春申君患之，求妇人宜子者进之，甚众，卒无子。赵人李园持其女弟，欲进之楚王，闻其不宜子，恐久毋宠。李园求事春申君为舍人，已而谒归，故失期，还谒，春申君问之状，对曰："齐王使使求臣之女弟，与其使者饮，故失期。"春申君曰："娉入乎?"对曰："未也。"春申君曰："可得见乎?"曰："可"。于是李园乃进其女弟，即幸于春申君，知其有身，李园乃与其女弟谋。园女弟承间以说春申君曰："楚王之贵幸君，虽兄弟不如也。今君相楚二十余年，而王无子，即百岁后将更立兄弟，则楚更立君后，亦各贵其故所亲，君又安得长有宠乎？非徒然也，君贵用事久，多失礼于王兄弟，兄弟诚立，祸且及身，何以保相印江东之封乎？今妾自知有身矣，而人莫知。妾幸君未久，诚以君之重而进妾于楚王，王必幸妾；妾赖天有子男，则是君之子为王也，楚国尽可得，孰与身临不测之罪乎？春申君大然之，乃出李园女弟，谨舍而言之楚王。楚王召入幸之。遂生子男，立为太子，以李园女弟为王后，楚王贵李园，园用事。李园既入其女弟，立为王后，子为太子，恐春申君语泄而益骄，阴养死士，欲杀春申君以灭口，而国人颇有知之者。迫后十七日，楚考烈王卒，李园果先入，伏死士于棘门之内，春申君入棘门，园死士侠刺春申君，斩其头，投之棘门外。于是遂使吏尽灭春申君之家，而李园女弟初幸春申君有身而入之王所生子者遂立，是为楚幽王。

刘向在《叙录》里面说：

孙卿，赵人，名况。孙卿，赵人，名况。方齐宣王威王之时，聚天下贤士于稷下，尊宠之，若邹衍、田骈、淳于髡之属甚众，号曰列大夫，皆世所称，咸作书刺世。是时孙卿有秀才，年五十，始来游学，诸子之事，皆以为非先王之法也。孙卿善为《诗》《礼》《易》《春秋》，至齐襄王时，孙卿最为老师，齐向修列大夫之缺，而孙卿三为祭酒焉。齐人或谗孙卿，乃适楚，楚相春申君以为兰陵令。人或谓春申君曰："汤以七十里，文王以百里，孙卿贤者也，今与之百里地，楚其危乎？"春申君谢之。孙卿去之赵，后客或谓春申君曰："伊尹去夏入殷，殷王而夏亡，管仲去鲁入齐，鲁弱而齐强。故贤者所在，君尊国安。今孙卿天下贤人，所去之国，其不安乎？"春申君使人聘孙卿。孙卿遗春申君书。刺楚国，因为歌赋以遗春申君，春申君恨，复固谢孙卿，孙卿乃行，复为兰陵令。春申君死而孙卿废，因家兰陵。

李斯尝为弟子，已而相秦，及韩非号韩子，又浮丘伯，皆受业为名儒。

孙卿之应聘于诸侯，见秦昭王，昭王方喜战伐，而孙卿以三王之法说之，及秦相应侯皆不能用也。至赵，与孙膑议兵赵孝成王前，孙膑为变诈之兵，孙卿以王兵能之，不能对也，卒不能用。孙卿道守礼义，行应绳墨，安贫贱。孟子者，亦大儒，以人之性善，孙卿后孟子百馀年，以为人性恶，故作《性恶》一篇以非《孟子》。苏秦、张仪以邪道说诸侯，以大贵显，孙卿退而笑之曰："夫不以其道进者，必不以其道亡。"

至汉兴，江都相董仲舒亦大儒，作书美孙卿。孙卿卒不用于世，老于兰陵……

关于荀子生平，其中争议最大的就是荀子究竟是"年十五游学于齐"，还是"年五十游学于齐"。梁启超先生认为，荀子应当是在齐湣王三十年，公元前二九三年游学于齐，那时候荀子十五岁。并且梁启超先生列举了荀子年表：

前二九三年（齐湣王三十一年）假定是年荀卿年十五，始游学于齐。

前二八六年（齐湣王三十八年）是年齐灭宋。

前二八五年（齐湣王三十九年）荀卿有《说齐相书》，见本书《强国篇》，说既不行，遂去齐适楚。

前二八四至二八六（齐襄王元年至十七年）荀卿复游齐，三位祭酒，当在此十余年间。

前二六七（齐襄王十八年）（秦昭王四十一年）是年秦以范睢为相，号为应侯。

前二六六（赵孝成王元年）本书《议兵篇》与孝成王及临武君问答，皆当在本年以后。

前二六二（楚考烈王元年）是年春申君相楚。

前二五五（楚考烈王八年）假定荀卿年五十三岁，是年春申君以卿为兰陵令。《列传》言："齐人或齐人或谗荀卿，荀卿乃适楚。"

前二四六（秦始皇元年）《史记·李斯列传》言："斯辞荀卿入秦，会庄襄王卒。"事当在此一两年间。

前二三六（秦始皇十一年）（楚考烈王二十五年）是年李园杀春申君。荀卿遂废居兰陵。假定是年荀卿七十二岁。

前二一三年（秦始皇三十四年）是年李斯相秦。是年荀卿若尚存，则假定为九十五岁。①

胡适认为，荀卿生死年代难以判定，但是荀卿年十五游学于齐不可信。他认为荀卿游学于齐的时间应该在齐襄王之后，太史公所说，年五十始来游学于齐是非常可靠的，而且和荀子一生的事迹都相吻合。胡适认为荀子一生的年表应当如下：

西历前（二五六至二六零）荀卿年五十游齐。

同（二六零至二五五）入秦，见秦昭王及应侯。

同（二六零至二五零）游赵，见孝成王。

同（二五零至二三八）游楚，为兰陵令。

同（二三零左右）死于兰陵。②

近人梁涛教授认为，荀子应当在50岁左右游学于齐，大概出生

① 梁启超：《荀卿及〈荀子〉》，《古史辨》第四册，景山书社1933年版，第108～109页。
② 胡适：《中国哲学史大纲（卷上）》，商务印书馆1926年版，第303～305页。

于周显王三十年，也就是公元前 336 年。后来荀子在周赧王二十二年来到燕国，并且在周赧王二十九年左右来到齐国，荀子差不多 50 岁，后来荀子游历秦国、赵国、齐国，最后在秦始皇九年的时候废居兰陵，随后去世。[①]

3. 荀子的基本主张

荀子所处的时代，正处于战国末期，大国之间争地以战，杀人盈野；小国之家苟延残喘，以求自保。贫富分化严重，阶级之间有着不可逾越的鸿沟。在这样的情况下，思想家必然对于自己所处的时代有所思想，荀子也是一样的，他从理论的角度，也走上了一条救世的道路。

第一，人性恶，其善者，伪也

《荀子》一书当中有《性恶》篇，荀子在其著作中也旗帜鲜明地提出，"人之性恶，其善者，伪也。"所以荀子的性恶论，在数千年来一直是他的理论旗帜，并且和孟子的性善论表面上看起来有高下立判之嫌。但是荀子所说的性恶，实际上是基于对人性的实际观察而得出的："人之性恶，其善者伪也。今人之性，生而有好利焉，顺是，故争夺生而辞让亡焉；顺是，故争夺生而辞让亡焉；生而有疾恶焉。顺是，故残贼生而忠信亡焉；生而有耳目之欲，有好声色焉，顺是，故淫乱生而礼义文理亡焉。然则从人之性，顺人之情，必出于争夺，合于犯分乱理，而归于暴。故必将有师法之化，礼义之导，然后出于辞让，合于文理，而归于治。用此观之，然则人之性恶明矣，其善者

---

① 梁涛：《荀子行年新考》，《陕西师范大学学报·哲学社会科学版》，2000（4）。

伪也。"

荀子提出性恶,从本质上来讲是对于人性向下堕失的戒慎警惕,对于人性本身并无任何偏见,所以他才会用心良苦地提出,化性起伪,积善成德,以及隆礼重法,都是矫正人性当中恶的一面,幽暗的一面,有感而发。

第二,化性起伪

荀子身处战国末年,是先秦诸家思想的大总结时代,所以荀子思想和他所处的时代相应,也是融会贯通,博大精深,他虽然是坚定的站在儒家的立场,但是也吸收了诸家之长,展现出多面向的思维广度和思想深度,侯外庐先生说:"荀子是中国古代思想的集大成者",一语中的。荀子认为自己是继孔子之后的儒家正宗,和孔子一样,荀子也非常重视"学"在个人修养和提升当中的作用。在《论语》中,《学而》篇位于文首,在《荀子》一书当中,《劝学》篇同样是位于篇首,其理论重要性可想而知。

荀子对于人性是不信任的,但是同样是人,为什么尧舜能够成为圣人,而桀纣却成为暴君被唾弃万年?荀子认为"今人之性恶,必将待先王之治,得礼义然后治,今人无师法,则偏险而不正;无礼义,则悖乱而不治。"荀子认为既然圣人和普通人同样都是从性恶的原点出发,圣人最终能够变成圣人就是在于他们充分掌握并且运用"学"的力量,就像荀子说的"可学而能,谓之伪。"这个"伪",就是人为,就是"学",也是积累和化性起伪。张岱年先生这样评价"学"在荀子思想当中的作用:"荀子是最注重创造的,荀子的人生论,孟子主发展本来所有,荀子则主改变本来所有,而创造本来所无。"

荀子所说的"学"和化性起伪,并不是铁板一块,有它们固有的延伸阶段，荀子分为三个阶段。第一个阶段，就是缘天官，通过眼耳口鼻等感官和外物相接触，获得对于世界的初步认识。这种认识是最具体和最直接的，但是也是最容易有欺骗性和最让人堕落的。荀子一直对于眼耳口鼻等欲望表示出戒慎警惕，"人生而有欲，欲而不得，则不能无求，求而无度量分界，则不能不争。"因为贪图感官欲望而争夺，就是堕落、人性恶还有不能成圣成德的根源。第二阶段就是心有徵知。荀子认为的"心"，是有抽象判断和思维能力的，而心的徵知，主要就是对于感性的约束和对于理性的推崇。荀子对于情欲的作用十分的警惕，他认为，心对于徵知的作用，就是克制人的感性欲望，使人真正提升到人之为人的层次上面来，就像是荀子所说的："心不使焉，则白黑在前而目不见，雷鼓在侧耳不闻。"第三个阶段，也就是荀子所认为学的最高阶段，就是虚壹而静。我们对于任何事物的观察，都会被各种各样的虚妄所遮蔽，让我们只能看到表象而无法深入。如果想要学习真理和了解到真正的知识，最重要的工作就是去除遮蔽，也就是荀子所说的"去蔽"，去蔽的工作只有通过心才能够完成，而且是要通过虚壹而静的方法，就是指虚心又专一的观察事物，就能够获得真正的结论。"壹"指的是思想专一不驳杂，"静"指的是长时间的坚持，"虚"是指不以原有的认识来阻碍新知识的获得："人何以知道，曰心，心何以知，曰虚一而静。心未尝不藏也，然而有所谓虚，心未尝不动也，然而有所谓静。不以梦剧乱知，谓之静。"① 达到了这三个层次，就可以对行为进行"化性起伪"，形成一个知礼仪，懂教化，人人皆可为禹的社会。

---

① 《荀子·解蔽篇》

126

第三，隆礼重法

礼学是荀子思想当中非常重要的部分，是荀子思想从理论建构到现实落实最为重要的一步，也让荀子思想相较于书斋当中的理想主义，多了一分扎实和现实可行性。荀子生活在战国末期，他的思想吸收了前人思想当中的精华，显示出综合百家之长的气象。在天人关系方面，他主张天人相分，比以往更加强调人在道德实践当中的主观能动性；在成善成德方面，他认为虽然人性当中有恶的因素，但是通过主动学习和礼仪的规范，仍然可以为尧舜，涂之人可以为禹。

许慎在《说文解字》当中对于礼的解释："礼，置神事福"。郭沫若先生认为："礼是后来的字，在金文里面我们偶尔看见有用豊字的，从字的结构上来看，是一个器皿里面盛有两串玉具以奉侍于神，故其字后来从示，其后扩展为对人，更其后扩展为吉、凶、军、宾、嘉的各种仪制。"[1]

荀子的礼学思想不仅重视礼的作用，也非常重视法的作用。礼在荀子那里，主要是"化"承担着教化的功能；但是有了教化，则必然有不服和争端出现，那就需要用"法"来规范和钳制，"礼者"最终达到王道理想，使天下大治。

---

① 郭沫若：《十批判书》，东方出版社 1966 年版，第 66 页。

第四章
先秦人性论思想的含义

第一节　先秦人性论的历史背景

章太炎先生将儒者言性者分为五家："无善，无不善，是告子也；善是孟子也；恶是孙卿也；善恶混是扬子也；善恶以人异殊上中下，是漆雕开，世硕，公孙，王充也。"孟荀同门而异户，孟子首辨性善，荀子专为非孟提出性恶，认为孟子论性没有本于传统和现实而是自己发挥出许多来。

汉代之时"性情相应"已经是普遍认识，人性之争演变为"性善情恶"之论，此时尚没有很多人折荀子"性恶"，只是说"有谭荀卿者，则以为曲。"私以为荀卿学说有些迂曲，但并非针对其"性恶"说专门发难。及至唐代，韩子一句儒家道统"轲之死，不得其传焉"，一笔抹煞了荀子的道统地位。宋明两代朱子学盛行，荀子论性因不知"理之皆善"而被持续打压和推低，朱子便有这样一番批评之辞："江西士风好为奇论，耻与人同，每立异以求胜。如陆子静说告子论性强孟子，又说荀子'性恶'之论甚好，使人警发，有缜密之功。"清代黄宗羲说："荀卿有性恶之说，扬雄有善恶混之说，韩愈有上中下之说。性恶之说，为害尤大。世之言性恶者，皆以象藉口。"后李光地直言："荀子文字，比扬子还条畅。其论事甚精采，但说性恶太可厌。"太史公时去孟荀时代不远，在列传中将孟子和荀子并为当世显儒，东汉人尚评价荀子："是时七国交争，尚于权诈，而孙卿守礼义，贵术籍。虽见穷挫，而犹不黜其志。"作书数十篇，疾浊世之政……及至后来二家学说一沉一浮、一隐一显，不由得让人唏嘘。

"人性之论，唯盛于儒教之哲学中，至同时之他学派则无之。"的确，先秦诸子当中，道家的老子、庄子主张人性本善，崇尚自然，强调要复归婴孩；法家韩非、申不害主张人性本恶，故倡导刑名法术以矫人性之偏险不正。而且除了儒家之外，诸派之内对于人性的看法并无纷争，由此，先秦儒家这一场关于人性的辩争便更加引人注目。

一方面，"昔仲尼没而微言绝，七十子丧而大义乖"，孟荀都有志于辟邪说、正人心，使孔子之道粲然复明于世，且都认为自己的主张才得孔门嫡传；另一方面也是当时的社会变革和礼崩乐坏。自"共和行政"之后到西周灭亡，周天子地位下降，"礼乐征伐自天子出"的时代已经一去不复返了。在西周，依宗法关系，天子为"大宗"，诸侯为"小宗"，卿大夫为"小宗"的"小宗"，形成了宝塔式的权力机构，天子则在这个权力结构的最上层。而到了春秋时代，卿大夫势力越来越大，公室衰败，依附卿大夫的百姓越来越多，诸侯天子大权旁落，而且相互倾轧和吞并的事情经常发生，整个社会结构处于频繁的变动和尖锐的斗争当中。

第二节　先秦儒家人性论思想略论

1. 孔子的人性论

从文字的起源上来讲，文字须先象形，才能表意。然而由于许多事物无法象形，只好用两个象形字或其他方法组成合体新字，这样就能解决象形字不敷用的难题。根据考古资料郭店竹简，"性"在其中作"眚"，从目从生，两个象形字合成新字——"生"象草木生于土上，味着肇生、成形；人非食色无以生，"目"象形表人生来便具备有的目、耳、口、鼻、四肢等天降的形容以及目能看耳能听等天赋的能力。

因而郭店竹简中"眚"字形的发现，确实有助于孟荀思想的研究，起码在这个时期，还没有演变出后来的从心从生的"性"，故理学家所训释的："古性情字皆从心从生，言人生而具此理于心，名之曰性，其动则为情也。此于六书，属会意，正是性之所以得名。其一以性与习对言者，但取生字为义，盖曰天地所生为性，人所为曰习耳。性从生，故借生字为义，程子所谓生之谓性，止训所禀受者也。"实际上有所乖失，后众学者又据此起而交诋，穿凿附会，实则是闻见不足之蔽。

孔子说："性相近，习相远也。"正论性所以得名——"性"的观念本于"生"，在视觉、听觉、触觉、味觉等天赋予人的自然属性方面，尧舜和桀纣没有差别；不仅如此，喜、怒、哀、乐、爱、恶、欲，七情暴君和圣主、大人和小人也没有差别。在讨论"性"的问题上，孔子同殷周以来对人性的传统看法是一致的，如汤的"若有恒性"，伊尹的"习与性成"，都朴实道出人"性之正"，并非善、恶所能宏通。后来告子将人性比作湍水，又说"食色，性也。"虽被孟子所驳，实则最近孔子学说，也是最近"性"之本义。

2. 孟荀的人性论

据《韩非子·显学篇》记载，孔子死后，儒分为八，"有子张之儒，有子思之儒，有颜氏之儒，有孟氏之儒，有漆雕氏之儒，有仲良氏之儒，有孙氏之儒，有乐正氏之儒。"孟子继承了子思的学说，因而他们在对于人性的看法方面，有颇多一致之处。《中庸》曰："诚身有道，不明乎善，不诚乎身矣。诚者，天之道也；诚之者，人之道也。"孟子又曰："尽其心者，知其性也，知其性则知天矣。存其心，养其性，所以事天也。"可见，思孟一派认为天之性即人之性。天之性便是仁义礼智信五德，故仁义礼智也是人所固有之的。这便是孟子性善论的理论渊源。

孟子论证其性善论，另一个依据便是经验。孟子曰："今人乍见孺子将入于井，皆有怵惕恻隐之心，非所以内交于孺子之父母也，非所以要誉于乡党朋友也，非恶其声然也。……恻隐之心，仁之端也；羞恶之心，义之端也；辞让之心，礼之端也；是非之心，智之端也。人之有是四端也，尤其有四体也。"

然而，荀子力辩性恶："人之性恶，其善者伪也。"

首先，荀子认为，性是不可学不可事的，比如眼能看、耳能听等生理机能以及目好色、耳好声、鼻好香、口好味等自然欲望，都是人所共有的，顺势而为则有害于身体和精神。因此圣人作礼义，目的是使人循礼义法度而动，使人心不乱。因此荀子反问孟子："故性善则去圣王，息礼义矣。性恶则与圣王，贵礼义矣。故櫽栝之生，为枸木也；绳墨之起，为不直也；立君上，明礼义，为性恶也。用此观之，然则人之性恶明矣，其善者伪也。"

另一方面，孟子以人之性善，失其性而后为恶，荀子以为必离其朴资，失其性而后善。荀子认为，人之善由积习而成："凡人之性者，尧舜之与桀跖，其性一也；君子之与小人，其性一也。今将以礼义积伪为人之性邪？然则有曷贵尧禹，曷贵君子矣哉！凡贵尧禹君子者，能化性，能起伪，伪起而生礼义。然则圣人之于礼义积伪也，亦犹陶埏而为之也。用此观之，然则礼义积伪者，岂人之性也哉！所贱于桀跖小人者，从其性，顺其情，安恣孳，以出乎贪利争夺。故人之性恶明矣，其善者伪也。"因此胡适认为，孟子的道德辞让，为良知良能之自然法；荀子则极力推开天道，将道德辞让落实到人事。

3. 孟荀论情

"口之于味也，有同耆焉；耳之于声也，有同听焉；目之于色也，有同美焉。"非眼不能观五色，非耳不能识六律，有口、目、耳、鼻可以食、视、听、嗅，物物相交才可以产生喜怒哀乐爱恶欲。故当告子质疑孟子如果所有人的性都是善的，那么舜和象为什么会有天壤之别。孟子回答说："乃若其情，则可以为善矣，乃所谓善也。……恻隐之心，人皆有之。羞恶之心，人皆有之。恭敬之心，人皆有之。是非之心，人皆有之。……仁义礼智，非由外铄我也，我固有之也，勿思而已。"告子问性，孔子却答他情，可见孟子认为恻隐、羞恶、是非、辞让这四情是本身在人性中具足的，因为情善所以性善。

在对待人"情"的态度上，孟子没有采取一个禁欲主义的态度，他不仅充分肯定了恻隐、羞恶、是非、辞让这四情，也肯定了人心喜怒哀惧都有，梁惠王对孟子说："寡人有疾，寡人好色。"孟子曰："太王爱厥妃，出入必与之偕。当是时，内无怨女，外无旷夫。王若好色，与百姓同之，民唯恐王之不好色也。"王又曰："寡人有疾，寡人好勇。"孟子曰："《诗》曰：'王赫斯怒，爰整其旅，以按徂旅，以笃周祜，以对于天下'，此文王之勇也。文王一怒而安天下之民，今王亦一怒而安天下之民，民唯恐王之不好勇也。"

人性本来是善的，然而不善和自利是为何？孟子认为是由于人的欲望。人固有耳目之欲，好声色之情，然而如果只遂耳目口鼻之欲，不过是养乎口体的小人："试想此天之所以与我者八字，直将此身立在千仞冈上，下视养口体物交物一班人，渺乎小哉。真蠛蠓一世矣。"

耳目之欲虽不能夺之，但孟子仍以为修身之要在于寡欲："养心莫善于寡欲。其为人也寡欲，虽有不存焉者寡矣；其为人也多欲，虽有存焉者寡矣。"从《荀子·解蔽篇》记载孟子"恶败而出妻"的生活资料中，孟子谨身养气的襟度已可掬。又孟子论及告子不动心之时，认为告子先于他不动心，孟子的不动心是在集义养气上。关于孟子的不动心，后儒有诸多解释，不管这个"心"是不是"生生不穷"之心还是"一团生意"之心，孟子这种存心养心之法确实似老庄之旨，郭沫若更直接指出孟子直接承受宋钘"情欲寡浅"的主张，而提出"养心莫善于寡欲"。因此荀子所激烈批评的并非没有道理："略法先王而不知其统，犹然而材剧志大，闻见杂博。案往旧造说，谓之五行，甚僻违而无类，幽隐而无说，闭约而无解。案饰其辞而只敬之曰：此真先君子之言也。子思唱之，孟轲和之。世俗之沟犹瞀儒，嚾嚾然不知其所非也，遂受而传之，以为仲尼、子游为兹厚于后世，是则子思、孟轲之罪也。"

荀子和孟子一样，都颇有些英气。荀子看到孟子的学说有谬于圣人的倾向，便对孟子的性善论进行了逐条批驳，认为孟子的言论偏离儒家正道。荀子在论证性恶的观点的时候认为："今人之性，饥而欲饱，寒而欲暖，劳而欲休，此人之情性也。今人见长而不敢先食者，将有所让也；劳而不敢求息者，将有所代也。夫子之让乎夫，弟之让乎兄，子之代乎父，弟之代乎兄，此二情者，皆反于性而悖于情也。然而孝子之道，礼义之文理也。故顺情性则不辞让矣，辞让则悖于情性矣。用是观之，人之性恶明矣，其善者伪也。"礼本于人情，荀子指出礼乐有矫正人情、移风易俗的作用，和孔子的礼乐之教是相契合的，也体现了同孟子截然不同的务实精神。因而梁启超说："孔子设教，惟重力行；及其门者，亲炙而受人格的感化，亦不汲汲以骛高玄精析之论。"

第三节 孟荀人性论的历史评价

在学术史上，卿之学遭人诟病主要在于荀子言性恶"主持太甚，词义或至于过当"，不符合人们的心理期待；荀子非十二子，向子思孟子一并发难，及至后来思孟一派地位不断升格，有过"异见"的荀子自然首当其冲。后来朱子又非荀子，附和者益众，怀疑孟子"性善论"而转向荀子性恶论的都被视为好异说奇论，因而王先谦《荀子集解》自序云："昔唐韩愈氏以荀子书为'大醇小疵'，逮宋，攻者益众；推其由，以言'性恶'故。"其实不论是孟子的性善还是荀子的性恶，都是性、情和欲的二元论，都有偏颇之处。人有五官、百骸、四体，物物相接然后有情。如夫子莞尔而笑、无君皇皇、微服过宋、喟然叹曰之类，及周公一怒而安天下之民，都是喜怒哀乐之情；又孔子在齐闻韶，三月不知肉味，可以想见圣人之乐以及韶乐之美，都是极其活泼自然的，其要唯在中节之道："孟子死心塌地服孔子，就在可以仕则仕，可以止则止，可以久则久，可以速则速这几个则字，终身摹仿不能到。"

孟子主张尽心知性以了解仁义礼智的方法，悬置了礼乐教化在仁学中的作用，荀子主张以礼义来矫正任性，却不知圣人依人情人欲来制礼作乐，使父子有亲、君臣有义、长幼有序："民有好色之性，故有大婚之礼。有饮食之性，故有大飨之谊。有喜乐之性，故有钟鼓管弦之音。有。有饮食之性，故有大飨之谊。有喜乐之性，故有钟鼓管弦之音。有悲哀之性，故有衰经哭踊之节。故先王之制法也，因民之所好而为之节文者也。"

现代学者李泽厚曾指出，儒家在孔子之后有两大不同进路，一条是孔、孟、程、朱、陆、王这条"存心养性"的"内圣"路线，一条是孔、荀、董仲舒、王通、陈、叶、顾、黄等"通经致用"的"外王"路线，虽说这两大路线的对垒由孟荀始，到后来明显的内圣学的路线占了上风，但是这两条路线对于维系儒家学脉和民族精神都是不可或缺的。

第五章

幽暗意识和儒家人性论

第一节 幽暗意识的提出

"幽暗意识"是学者张灏在其代表著作《幽暗意识和民主传统》里面提出的。张灏（Hao Chang）先生 1937 年出生于安徽滁州，传统学术功底深厚。1957 年本科毕业于台湾大学，师从殷海光先生，并且对于中国传统儒家思想，表现出了极大的兴趣和敬意。毕业之后前往美国继续深造，于 1961 年获哈佛大学硕士学位，于 1965 年获得哈佛大学博士学位，师从哈佛大学费正清研究中心的汉学研究大师本杰明·史华慈先生（（Benjamin I. Schwartz）。哈佛大学毕业之后他留美任教，出任美国俄亥俄州大学历史系助理教授、副教授和教授。1998 年从美国俄亥俄州大学退休，在香港科技大学担任教授，2004年退休。现为台北中研院院士。其研究领域为中国思想史，尤其是中国近现代思想史；主要著述有《梁启超与中国思想的过渡（1890—1907）》；《危机中的中国知识分子：寻求秩序与意义》（1987 年出版）；《幽暗意识与民主传统》（1989 年出版）等。另外，他还是《剑桥中国史》晚清部分的撰稿人之一。张灏先生被学术界称作是"沉思型"的思想家，他兼采中西的理论视角，也给很多学者以理论启发。葛兆光先生在其著作《宅兹中国——重建有关"中国"的历史论述》当中认为，张灏先生对于他的学术观点，有诸多启发，是非常有深度和中国本土关怀的顶尖学者。

张灏先生正式提出幽暗意识这一新的概念，是在 20 世纪 80 年代。在此之前，他的思想也经过了一连串的丰富和变化过程，主要是和他的学术功底还有兼通中西求学经历有关。张灏先生早年传统学术功底深厚，1949 年跟随家人到台湾地区之前，儒家思想一直是他思想的底色。在台湾大学期间，师从殷海光教授，吸收了自由主义的思想；因为外省人的身份，想要在台湾获得发展并不容易，所以他大学毕业之后就立志继续深造，考取了哈佛大学，接触到了当时美国思想界十分流行的思潮，就是尼布尔的"辩证神学"的思想。辩证神学从根本上来讲就是强调人和神之间有一条不可逾越的鸿沟，而人之所以无法跨越这道鸿沟，就是因为人本质上无法克服的罪恶性和堕落感，而在两次世界大战人对于权力的渴望，对于贪欲的崇拜展露无遗，这就是人性罪恶的明证。人性阴暗，所以需要宗教和法制。辩证神学对于当时思想还处于形成期的张灏是个巨大的冲击，他开始反思儒家传统思想当中的不尽如人意之处，以求对于儒家思想有更深的认识，同时对于现代人有所启发。对于在哈佛大学的求学经历，张灏先生坦诚说史华慈教授对他的学术道路影响最大："我读的是由东亚研究中心和历史系联合培养的学位，专业是东亚历史。两个系的课都上，上过费正清现代中国的课，但他对我的影响不大。真正对我有影响的是史华慈老师，我叫他班老师，他是我业师。"除了学术上的专业训练之外，张灏先生受到徐复观先生的思想影响很大，主要是徐复观先生在《中国人性论史（先秦篇）》里面对于中国早期思想当中"忧患意识"的阐发，也是最终形成"幽暗意识"的理论启发点。

幽暗意识是包含着中西兼通的学养和深刻的中国本土关怀的，所以在 2008 年接受记者采访的时候，张灏先生再次重申了自己观点，他把"幽暗意识"分为狭义的幽暗意识和广义的幽暗意识两个层面：狭义是指我们需要正视与警觉人世间的种种阴暗面；广义是指根据这种正视与警觉去认识与反思人性在知识上与道德上的限制。在这里，笔者主要的关注点在幽暗意识的狭义层面，也就是正视人性当中的阴暗面，同时对于向善的可能保持十足的信心和勇气。

因此可以看出，幽暗意识的提出，是经过张灏先生几十年的学术积累而产生的，并且经过多位海内外著名学者的启发和点拨。他所提到的一点特别值得注意，就是他认为儒家正是因为对于"幽暗意识"认识不足，走上了"乐观人性论"的道路，才使儒家在内圣方面成就卓越，而对于外王这个议题显得心有余而力不足。

第二节　幽暗意识的批判与继承

虽然张灏先生因为《幽暗意识与民主传统》一书的问世，奠定了其在学术界的地位，而这个学术地位的牢固奠定，很大程度上来源于其对于"幽暗意识"的阐释和理解。所以"幽暗意识"作为一个核心概念，受到了不少学者的质疑。

从港台学界来看，首当其冲的就是徐复观先生。上文提到，张灏先生用幽暗意识来解释中国知识分子的传统，但是自然而然地涉及一个问题就是中国为何没有开出现代民主的问题。张灏先生受到徐复观先生思想的影响，平时也多有学术交流，但是徐复观先生是港台新儒家的代表人物，得知张灏的观点之后，断然不能同意。"我在 1982 年写了'幽暗意识'的文章之后，徐先生看到了，非常生气，就写信给我，严厉斥责我的观点。认为儒家以性善论为根本，也应当成为自由民主观念的人性论的基础，而我这么讲'幽暗意识'却落入法家或荀子的性恶论，简直是荒谬绝伦。那时徐先生在病中，说要等他病愈之后，再跟我进一步讨论，没想到他不久即去世了。"① 在张灏先生接受采访的时候，至今对这件往事颇感遗憾。

港台新儒家牟宗三先生的学生台湾中研院的李明辉教授也不同意"幽暗意识"的观点，他认为张灏先生的观点西方拿来主义太浓，对于中国国情本身没有同情之了解，还是西方中心主义式的。学者李敖说得更直接："殷海光吸收及门弟子，当时都是张灏型的，整天只会看洋书、谈方法学，但他们的知识基础太窄、货太少，所以充其量只会搭钢筋，没有水泥。"②

其实对于中国为什么没有开出自由主义和民主制度，张灏先生用"幽暗意识"来解或许并不全面，但是有其理论的深度和心意，是认识问题的一个角度。台大哲学系的钱永祥教授高度评价了幽暗意识概念的提出，认为它最卓越的贡献就是在于"对思想史、政治史的研究提供了极为有用的概念工具。"③

从大陆学界来看，李明辉教授有次也指出，"张灏的幽暗意识提出以来，大陆学者对此说接受者多，批评者少。"④ 基本上大陆对于幽暗意识的提出，是认同其中的积极意义的，也不仅是思想史和政治

① 陈建华：《张灏教授访谈录》，《书屋》，2008年第10期。
② 李敖：《吐他一口痰》，《牛刀·警察·抓》，《李敖千秋评论丛书》，第12期。
③ 钱永祥：《纵欲与虚无之上——现代情境里的政治伦理》，生活·读书·新知三联书店2002年版，第139页。
④ 李明辉：《儒家视野下的政治思想》，北京大学出版社2005年版，第34页。

伦理研究的新概念工具，也让我们在关注儒家思想当中的明线之后，关注下儒家思想当中的暗线，也就是以"幽暗意识"为代表的现实关照。刘顺在其论文《孔孟的德感自觉和幽暗意识》[①] 中就提到过这一点，儒家言说系统一直肯定人性本善，这是孔孟人性思想当中的明线；虽然对于人性恶方面考虑不足，但是孔孟思想当中显然留存着这样的关照，幽暗意识就是体现，也是孔孟思想当中的暗线，非常值得注意，但是该文对于荀子人性论思想，没有过多延伸。

其实学者对于幽暗意识的批评，多集中在幽暗意识和民主自由及近现代政治形态的关系。所以本文对于"幽暗意识"的理解，是侧重于其思想史概念方面的意义，聚焦在狭义幽暗意识的理解，不涉及广义幽暗意识，不探讨幽暗意识和民主自由的关系。将"幽暗意识"放在先秦儒家思想史的脉络当中进行讨论，体现其对于深入理解儒家人性论，并且梳理从孔子到孟子和荀子之间的儒家人性论进路，有非常重要的意义。

第三节　幽暗意识的渊源

实际上，在许多古老文明当中，我们都可以找到对于"幽暗意识"的觉醒和注意。

中世纪哲学，主要是西欧 5 世纪—15 世纪的基督教哲学。基督教哲学形态可以追溯到罗马帝国时代的教父哲学，而实际上它所波及

---

① 刘顺：《孔孟的德感自觉和幽暗意识》，《淮南师范学院学报》，2004 年第 1 期。

的地区也远远超出了西欧，包括了北非、小亚细亚等地中海地区。基督教本是希伯来犹太教的一个分支，产生于公元 1 世纪初巴勒斯坦地区。基督教是在帝国之间相互倾轧、人民幸福感急剧下降、转而到宗教寻求寄托的历史背景下应运而生的。5 世纪末，西罗马帝国分崩离析，法兰克王国统一欧洲，基督教作为新的文化代言人，对这一时期的欧洲历史产生了深远影响。

中世纪哲学又被划分为教父哲学和经院哲学两个时期。奥古斯丁（Aurelius Augustinus）是教父哲学的集大成者。在他的神学理论体系中，上帝造物具有至高无上的地位，兼有永恒而无限的特性。作为造物主，上帝是至善而圆满的——他创造了世界，并按自己的样子创造了人。人是仅次于上帝的宇宙管理者。奥古斯丁认为人有原罪——人类始祖忤逆神意，被上帝赶出伊甸园——人生来就是恶的，所以穷其一生来赎罪，人却不能自救，只有上帝才能拯救人类，唯有信仰上帝才有被救赎之可能。所谓的异教徒曾辩驳奥古斯丁说，既然上帝是自足的、在永恒中度日，那么为什么要创造这个世界呢？如果上帝是全善的，那么人类的原罪从何而来？为了消解这种驳难，奥古斯丁建立起了一个近乎完美的神学体系来自圆其说。在他百科全书式的体系中，文学、艺术、人的创作灵感都来自上帝的启迪，人没有自我意识，不过是上帝脚下的子民，受其恩宠，万物在上帝安排的和谐秩序中流转，不得忤逆神谕。具有明显的宗教蒙昧主义色彩。帕斯卡尔曾打了一个幽默的赌："我信上帝，因为如果上帝果真是存在的，那么我就赢了。如果上帝实际上是不存在的，那我也不会失去什么。"

托马斯·阿奎那（Thomas Aquinas）是经院哲学的最大代表。与同样担任神职、享有盛誉的奥古斯丁相比，阿奎那可谓是一位严谨的学者，不仅著作等身，而且以其严密的逻辑、系统化的分析执中世纪经院哲学之牛耳。阿奎那那里，人性不再是一片死寂。在灵魂与认识问题上，他肯定了灵魂和自由意志的存在。阿奎那将灵魂区分为五种形式：（1）管养能力（2）感觉能力（3）追求能力（4）运动能力（5）理性能力。托马斯深受亚里士多德哲学影响，推崇理性的力量——"各个人身上，控制着身体的灵魂，而在灵魂本身以内，则是理性控制着情欲和欲望的能力"。人依靠理性可以认识确定的知识，但是理性仍是有缺陷的，这就需要借助神力和信仰。幸福是人追求的至善，道德活动的终极目标不是上帝的荣光，而是幸福。中世纪宗教专制和蒙昧主义使人的生存状态蒙上阴影，因为在这种氛围下衍生出的神秘主义、虚无主义对后来的文学、艺术、个人灵修等都产生了深远影响，宗教成为文学、艺术作品永恒的主题。宗教教会和潜意识的宗教情怀成为近现代科学研究的精神支柱，可以说，科学的发展与宗教息息相关。中世纪阵痛过后，人类文明迎来新曙光——文艺复兴后，现代意义上对于人性的观念确立了。

人性及其本质更是每个哲学家都无法回避的问题。由于一代代哲学家苦苦思索，甚至不惜同基督教会进行血与火的交锋，人的地位以及人性之光最终确立并得到合理性、合法的解释和论证。但是关于"人"的思考一直是西方哲学所感兴趣的问题。

对于人性的认识可以在古希腊找到其源头活水。黑格尔（Hegel）说一个民族只有有关注天空的人该民族才有希望。泰勒斯（Thales）就是希腊第一个关注天空的人，他本人则被视为哲学的开山祖师。泰勒斯的著名命题是"水生万物，万物复归于水"。泰勒斯在常年对尼罗河水纹的仔细观察后发现，世界万物的生长都离不开水，水的氤氲、蒸腾使万物生长，由此他得出水是世界的本原的结论。泰勒斯提出了一个此后哲学家都无法回避的问题——世界的本原是什么。自泰勒斯始，几乎每个哲学家都对于这个问题提出自己的见解。阿纳克西曼德认为是"无定"，一种缺乏界限、没有规定的物质；阿纳克西美尼认为是"气"，赫拉克利特认为世界是一团永恒的活火，按一定分寸燃烧，一定分寸熄灭。与中世纪截然不同的是，人文主义推崇人的感性经验与理性思维，莎士比亚更将人的能力推崇到一个无以复加的地步："人是多么了不起的一件作品！理想是多么高贵！力量是多么无穷！仪表和举止多么端庄，多么出色！论行动多么像一个天使！论了解多么像神明！宇宙的精华！万物的灵长！"

佛教也注意到了这一点，所以把人性当中的"贪嗔痴"比作是人性当中的三毒，"贪恋财色之乐，如同无知小儿贪吃刀锋之蜜，不足一餐之美，却有割舌之患"，对于人性表现出一定程度的不信任，需要信仰和持戒，也是产生和传播佛教思想深厚的土壤。

第四节　幽暗意识与儒家人性论

幽暗意识到底什么？幽暗意识就是"发自对人性与宇宙中与始俱来的种种黑暗势力的正视和省悟：因为这些黑暗势力根深蒂固，这个世界才有缺陷，才不能圆满，而人的生命才有种种的丑恶和种种的遗憾。"[1]而幽暗意识并不是一种消极的看法和情绪，恰恰相反，幽暗意识正是

---

① 张灏：《幽暗意识和民主传统》，新星出版社 2006 年版，第 24 页。

因为可以正视和直面人性和文化社会当中的缺陷和丑恶，反而成为一股推动社会发展的积极现实力量："幽暗意识和功利主义不同……幽暗意识在价值上否定人的私利和私欲，然后在这个前提上求其防堵，求其疏导，求其化弥。因此它对现实人生，现实社会常常含有批判的和反省的精神。"①

从张灏对于幽暗意识的理解来看，幽暗意识可以提炼出两个理论特点。

其一，它是具有批判性的。以往观点认为，儒家对于人性过于压制，需要解放。而幽暗意识的基本观点就是认为儒家在对于人性的态度方面过于乐观。

其二，幽暗意识不同于我们常说的"忧患意识"。"忧患意识"主要是对待外界危机的，本身蕴涵着一种完善的道德主体，如孟子说的"大丈夫"，即所谓"富贵不能淫，威武不能屈，贫贱不能移"，凭这种理想人格，就能克服危机。当然儒家也时刻警惕自己的缺点或私欲，但认为是可以通过自我修养而达到完善的。所谓"幽暗意识"首先在于正视人性中与生俱来的阴暗面以及来自社会制度的黑暗势力，而时时加以警戒，特别要警戒的是权力带来的腐败。②

在早期中国思想传统当中，我们的祖先也发现了人性当中固有的忧患意识，这可以认为是"幽暗意识"的前身。徐复观先生在其著作《中国人性论史（先秦篇）》中认为，中国上古对于幽暗意识的注意，是从周代开始的。"中国政治与文化之变革，莫剧于殷、周之际。"周

---

① 张灏：《幽暗意识和民主传统》，新星出版社 2006 年版，第 24 页。
② 陈建华：《张灏教授访谈录》，《书屋》，2008 年第 10 期。

当时是大国殷的邦国之一，但是经过数百年不遗余力的反战，周这个小邦的实力逐步加强，威望日渐提高，最后达到了三分天下有其二的规模，而相比之下，大邦殷因为政治腐败和日渐懈怠，实力大不如前，为了建立一个更加正义和受人拥戴的政权，周积蓄力量，积极准备日后与商决一死战。周文王姬昌用兵西北，征服北方的犬戎，深入腹地，直接进逼商朝首都朝歌，商王室岌岌可危；周文王去世之后，周武王继承文王遗志，择机灭商。大概在周武王四年十二月，武王趁商统治集团内部相互倾轧之机与其主力在东夷作战，此时商朝首都朝歌守卫空虚，周武王率数万大军，渡过孟津，和商军主力在牧野激烈交火，一举灭亡了商朝，周朝建立。

周王朝虽然是由商朝的邦国发展而来，但是在改朝换代的过程当中，充分吸取了周朝灭亡的教训。徐复观先生在《中国人性论史（先秦篇）》说："周人在宗教方面，虽然是属于殷的系统，但在周人领导的人物中，却可以看出有一种新精神的跃动。因为有了这种新精神的跃动，才是传统宗教有一种新地转向，也即是使古代整个地文化，有了新地进展。"这种新进展是什么？徐复观先生一针见血地指出，就是以前从未出现和萌芽的，正式被周人注意到并隆重推出，成为周人完全不同于商人的精神气质，这个气质和关注，就是"忧患意识"："周人革掉了殷人的命（政权），成为新的胜利者；但通过周初文献所看出的，并不像一般民族战胜之后的趾高气昂的气象，而是《易传》所说的忧患意识。忧患意识，不同于原始宗教动机的恐怖、绝望。……'忧患'与恐怖、绝望的最大不同之点，在于忧患心理的形成，乃是从当事者对吉凶成败的深思熟虑而来的远见；在这种远见当中，主要发现了吉凶成败与当事者行为的密切关系，及当事者在行为上所应负的责任。忧患正是由这种责任感来的要以己力突破困难而尚未突破时的心理状态。所以忧患意识，乃人类精神开始直接对事物发生责任感的表现，也即是精神上开始有了人的自觉的表现。"①

张灏先生认为，这种忧患意识，是后来所产生的幽暗意识的前驱，"幽暗意识是在忧患之感的基础上，人们进一步认识他们所体验的艰难和险恶不是偶发和倘来的现象，而是值基于人性，结根于人群。"

《周易》当中，已经可以看到关于忧患意识的表述，《否》卦九五爻曰："九五，休否，大人吉，其亡其亡，系于苞桑。"就是体现了事物都在不断地对立转化过程当中，但戒慎警惕，居安思危的忧患意识，《易传》对于九五爻的解释更加体现了这一点："君子安而不忘危，存而不忘亡，治而不忘乱，是以身安而国家，可保也。"② 并且在《系辞传》中，有一段话明确指出，《易》这本书的产生就是满怀忧患之心的产物，其曰："《易》之兴也，其于中古乎？作《易》者，其有忧患乎？是故履，德之基也；谦，德之柄也；复，德之本也；恒，德之固也；损，德之修也；益，德之裕也；困，德之辨也；井，德之地也；巽，德之制也。"可见忧患意识在周初已经萌芽，被早期儒家学者继承下来，并且成为中国传统文人一脉相承的精神气质和现实关怀。

孔子曰："君子忧道不忧贫"，"发愤忘食，乐以忘忧，不知老之将至"具有很强的忧患意识。到了孟子那里，孟子用一段气势磅礴的

① 徐复观：《中国人性论史（先秦篇）》，上海三联书店 2009 年版，第 18 页。
② 高亨：《周易古经今注》，中华书局 1984 年版，第 198－199 页。

论证说明士君子具有忧患意识的重要性，他列举出历史上六位贤人的经历，舜从田野之中被任用，傅说从筑墙工作中被举用，胶鬲从贩卖鱼盐的工作中被举用，管夷吾从狱官手里释放后被举用为相，孙叔敖从海边被举用进了朝廷，百里奚从市井中被举用登上了相位。鼓励世人只有经历磨练，通过上天交付的考验，才有可能做出一番成就，故安乐让人平庸，而磨难和忧患让人成长，《孟子·告子下》曰："舜发于畎亩之中，傅说举于版筑之中，胶鬲举于鱼盐之中，管夷吾举于士，孙叔敖举于海，百里奚举于市。故天将降大任于斯人也，必先苦其心志，劳其筋骨，饿其体肤，空乏其身，行拂乱其所为，所以动心忍性，曾益其所不能。人恒过，然后能改；困于心，衡于虑，而后作；征于色，发于声，而后喻。入则无法家拂士，出则无敌国外患者，国恒亡。然后知生于忧患，而死于安乐也。"后来北宋思想家范仲淹在《岳阳楼记》中写的"先天下之忧而忧，后天下之乐而乐"，就是这个含义："不以物喜，不以己悲。居庙堂之高则忧其民；处江湖之远则忧其君。是进亦忧，退亦忧。然则何时而乐耶？其必曰：先天下之忧而忧，后天下之乐而乐乎。噫！微斯人，吾谁与归？"

虽然中国古代思想家当中不乏忧患意识，中国传统知识分子不乏忧患心态，但是，张灏认为："幽暗意识不同于我们常说的忧患意识。'忧患意识'主要是对待外界危机的，本身蕴涵着一种完善的道德主体，如孟子说的'大丈夫'，即所谓'富贵不能淫，威武不能屈，贫贱不能移'，凭这种理想人格，就能克服危机。当然儒家也时刻警惕自己的缺点或私欲，但认为是可以通过自我修养而达到完善的。

所以忧患意识虽然在周初已经萌芽，但是真正的幽暗意识，在孔子之后的儒家才更多地显现出来。

孔子之后，孟子和荀子更多地注意到了幽暗意识，并且和他们对于人性的理解结合起来。荀子是原始儒家的集大成者，他不仅注意到了人性当中的幽暗一面，而且旗帜鲜明地提出人性恶，提醒世人幽暗意识的真实存在。荀子非常反感孟子对于人性善的强调，批评孟子"案往造旧说"，并且将其理论完全建构在人性善的基础上，人性善所以人皆可以为尧舜，人性善所以可以实行仁政，人性善所以可以放下兵戈，和平共处，走上了一条盲目乐观的歧路，所以孟子的思想在春秋战国的大乱局不具备现实可行性。

荀子对于人性有非常实际的看法，他认为人固然是可以像远古圣王一样成圣成贤，但前提是需要克服人性当中固有的偏险悖乱的一面，否则"正理平治"是绝不可能的。所以荀子直言不讳地说"人之性恶"，他是要提醒世人认清现实，认清确实存在的幽暗意识："在先秦儒家思想中，荀子的性恶论是对人性的幽暗面作正面的彰显和直接的强调。在这一点上，荀子与孟子是有着基本的歧异。……对荀子幽暗意识做一番透视，我们必须从他对心的观念着眼。从来学者论荀子，大多注意他的性论，而不大注意他的心论。他的性论很简单，就是对于性恶的强调，但他的心论则不如此简单。"[1]

徐复观先生在《中国人性论史·先秦篇》[2] 当中，也对于荀子思想有一番解读。徐复观先生认为，要了解荀子思想，首先了解其学术性格。荀子曾说："不闻不见，则难当，非仁也。"其实就是反对孟子经验地去把握思想，下结论，因此荀子强调要"学之行之而止矣"，

---

① 张灏：《幽暗意识与民主传统》，新星出版社 2006 年版，第 62 页。
② 徐复观：《中国人性论史·先秦篇》，九州出版社 2014 年版。

强调实践得知的重要性。

周绍贤在《荀子要义》[①] 一书中指出，荀子关于性恶的观点，基本上都是以"治乱"为依据和依归的，以正理平治为善，以偏险悖乱为恶，所以荀子推崇化性起伪和礼义之道。周绍贤先生认为，荀子的性有善恶之分，荀子的心也有善恶之分，所以周先生认为荀子对于心性的观点是"性"和"心"分立，并且心是最高主宰，有至高的权力。心的作用在四个方面：心可以克制恶性，欲为恶所生；心有思辨和辨别能力，可以为之，不可则止；因为有虚壹而静、大清明的本体，所以心能够知道；心有时候也会有所蔽，需要除蔽归于虚静。

何淑静女士在《荀子再探》一书中采用"透过概念分析的方法来了解儒家的道德实践理论，而后再据之来客观的验证它的道德理论是否完整"的方法。何淑静认为，荀子所言的"性"不包括形而上的含义，从"性者，天之就也"，"性之和所生，精和感应，不事而自然谓之性。"性没有形而上的含义，是自然而有的，是"一没有道德价值之意义的材质而已"。然而人之所以能够为圣人和禽兽相区别开来，在于"心知"。同时，何淑静认为，荀子思想体系当中的"心"有两层含义，一层是心是性，一层是心不是性，两层都有存在合理性。

梁涛教授在近文《廓清荀子人性论的千年迷雾——论荀子的性恶、心善说》中，在前人学说的基础上，首次结合出土文献中的"惥"字，对于荀子人性论进行彻底分析。之前庞朴先生曾经在文章中提到："也许性恶应该做性惥：《荀子·正名》篇'心虑而能为之动谓之伪'句中的'伪'字，本来大概写作惥，至少也是理解如惥，即

---

① 周绍贤：《荀子要义》，台湾中华书局 1977 年版。

心中的有以为……只是由于后来惡字消失了，钞书者不识为何物，遂以伪代之"，是非常天才的创见，但是庞朴先生并没有展开讲述[①]。梁涛教授认为荀子实际上是认为性恶心善，性是代表向下堕落的力量，心则是向上提升的力量。荀子反复强调"人之性恶，其善者惢也"，他的着眼点不是在于性恶，而是在于性惢，这也说明了荀子一以贯之的儒家立场，由此看来，先儒对于荀子的诸多评价，可以说是不加详察并且过于刻薄了。

也就是说，首先，虽然在孔子和孟子那里，幽暗意识就已经包含在他们的义理结构里面，但是荀子是首先明白指出这一问题的，也就是儒家思想在对于人性理解方面有其理想化的一面；第二，虽然荀子认识到了这一点，并且明白提出了"人性恶"，但是在荀子思想里面，"心"是比"性"更加重要的概念，不仅重要，而且复杂得多。荀子对于"性"的理解，仅仅指出它是"恶"，需要礼法来规范，但是在荀子那里，"心"是更为具有复杂内涵的存在，需要认真加以分析，而不是在荀子"人之性恶"的问题上过度关注，从而忽视了更为重要的"善者伪也"。所以从幽暗意识出发，我们也可以达成对于荀子思想的同情之理解，荀子并非为了标新立异而提出性恶，他是关怀之深切，所以言辞显得激烈。

"幽暗意识仍然假定理想性与道德意识是人之所以为人不可少的一部分。惟其如此，才能以理想与价值反照出人性与人世的阴暗面，但这并不代表它在价值上认可或接受这阴暗面。因此，幽暗意识一方

---

① 庞朴：《古墓新知：漫读郭店楚简》，姜广辉主编：《郭店楚简研究》，《中国哲学》第20辑，辽宁教育出版社 1999 年版，第 11 页。

面要求正视人性与人世的阴暗面，另一方面本着人的理想性与道德意识，对这阴暗面加以疏导、围堵与制衡，去逐渐改善人类社会。也可以说，幽暗意识是离不开理想主义的，二者相辅相成，缺一不可。"①

---

① 张灏：《幽暗意识的形成与反思》。

附录 1

《论语》中论孝的章句

　　《论语》中直接讲"孝"的有共有 14 段，19 处，分别出现在《学而》、《为政》、《里仁》、《泰伯》、《先进》、《子路》、《子张》七篇当中。其中以《为政》篇讲孝最为集中，明显论孝的内容出现了 6 段。除此之外，还有一些包含孝的含义的段落若干条。现按顺序摘录如下：

　　1. 有子曰："其为人也孝弟，而好犯上者鲜矣。不好犯上，而好作乱者，未之有也。君子务本，本立而道生。孝弟也者，其为仁之本与？"《学而》

　　2. 子曰："弟子入则孝，出则弟，谨而信，泛爱众，而亲仁。行有余力，则以学文。"《学而》

　　3. 曾子曰："慎终追远，民德归厚矣。"

　　4. 子曰："父在观其志，父没观其行。三年无改于父之道，可谓孝矣。"《学而》

　　5. 子夏曰："贤贤易色。事父母能竭其力，事君能致其身，与朋友交，言而有信，虽曰未学，吾必谓之学矣。"《学而》

　　6. 孟懿子问孝。子曰："无违。"樊迟御，子告之曰："孟孙问孝于我，我对曰：'无违'。樊迟曰："何谓也？"子曰："生，事之以礼；死，葬之以礼，祭之以礼。"《为政》

　　7. 孟武伯问孝。子曰："父母唯其疾之忧。"《为政》

　　8. 子游问孝。子曰："今之孝者，是谓能养。至于犬马，皆能有养；不敬，何以别乎？"《为政》

9. 子夏问孝。子曰："色难。有事，弟子服其劳，有酒食先生馔，曾是以为孝乎？"《为政》

10. 季康子问："使民敬忠以劝，如之何？"子曰："临之以庄则敬；孝慈则忠，举善而教不能则劝。"《为政》

11. 或谓孔子曰："子奚不为政？"子曰：《书》云："'孝乎惟孝，友于兄弟。'施于有政，是亦为政，奚其为为政？"《为政》

12. 子曰："事父母几谏，见志不从，又敬而不违，劳而不怨。"《里仁》

13. 子曰："父母在，不远游。游必有方。"《里仁》

14. 子曰："三年无改于父之道，可谓孝矣。"《里仁》

15. 子曰："父母之年，不可不知也。一则以喜，一则以惧。"《里仁》

16. 子曰："禹，吾无间然矣！菲饮食而致孝乎鬼神，恶衣服而致美乎黻冕，卑宫室而尽力乎沟洫。禹，吾无间然矣！"《泰伯》

17. 子曰："孝哉闵子骞，人不间于其父母昆弟之言。"《先进》

18. 樊迟从游于舞雩之下。曰："敢问崇德、修慝、辨惑。"子曰："善哉问！先事后得，非崇德与？攻其恶，无攻人之恶，非修慝与？一朝之忿，忘其身以及其亲，非惑与？"《颜渊》

19. 叶公语孔子曰："吾党有直躬者，其父攘羊，而子证之。"孔子曰："吾党之直者异于是，父为子隐，子为父隐，直在其中矣。"《子路》

20. 子贡问曰："何如斯可谓之士矣？"子曰："行己有耻，使于四方，不辱君命，可谓士矣。"曰："敢问其次。"曰："宗族称孝焉，乡党称弟焉。"曰："敢问其次。"曰："言必行，行必果。硁硁然小人

哉！抑亦可以为次矣。"曰："今之从政者何如？"子曰："噫！斗筲之人，何足算也！"《子路》

21. 宰我问："三年之丧，期已久矣！君子三年不为礼，礼必坏；三年不为乐，乐必崩。旧谷既没，新谷既升，钻燧改火，期可已矣。"子曰："食夫稻，衣夫锦，于女安乎？"曰："安。""汝安则为之。夫君子之居丧，食旨不甘，闻乐不乐，居处不安，故不为也。今汝安，则为之！"宰我出。子曰："予之不仁也！子生三年，然后免于父母之怀。夫三年之丧，天下之通丧也。予也有三年之爱于其父母乎？"《阳货》

22. 曾子曰："吾闻诸夫子：'孟庄子之孝也，其他可能也，其不改父之臣与父之政，是难能也'。"《子张》

附录 2
《孟子》中论孝的章句

《孟子》一书中，总共有 16 个段落提到了孝或者是孝悌连用，孟子称赞"尧舜之道，孝悌而已矣"，其中提到尧舜的多达 29 段，《孟子》七篇每一篇对于孝悌之道都有提及，谈孝的比例在《孟子》文本中大大超过了《论语》。现按顺序摘录如下：

1. "五亩之宅，树之以桑，五十者可以衣帛矣；鸡豚狗彘之畜，无失其时，七十者可以食肉矣；百亩之田，勿夺其时，数口之家可以无饥矣；谨庠序之教，申之以孝悌之义，颁白者不负戴于道路矣。七十者衣帛食肉，黎民不饥不寒，然而不王者，未之有也！"《梁惠王上》

2. 孟子对曰："地方百里而可以王。王如施仁政于民，省刑罚，薄税敛，深耕易耨。壮者以暇日修其孝悌忠信，入以事其父兄，出以事其长上，可使制梃以挞秦楚之坚甲利兵矣。彼夺其民时，使不得耕耨以养其父母，父母冻饿，兄弟妻子离散。彼陷溺其民，王往而征之，夫谁与王敌！故曰：'仁者无敌。'王请勿疑。"《梁惠王上》

3. 孟子曰："不亦善乎！亲丧，固所自尽也。曾子曰：'生，事之以礼；死，葬之以礼，祭之以礼，可谓孝矣。'诸侯之礼，吾未之学也。虽然，吾尝闻之矣：三年之丧，齐疏之服，飦粥之食，自天子达于庶人，三代共之。"《滕文公上》

4. 孟子曰："夫夷子信以为人之亲其兄之子，为若亲其邻之赤子乎？彼有取尔也。赤子匍匐将入，赤子之罪也。且天之生物也，使之一本；而夷子二本故也。盖上世尝有不葬其亲者：其亲死，则举而委之于壑。他日过之，狐狸食之，蝇蚋姑嘬之。其颡有泚，睨而不视。夫泚也，非为人泚，中心达于面目。盖归，反虆梩而掩之。掩之诚是也，则孝子仁人之掩其亲，亦必有道矣。"《滕文公上》

5. 曰："子不通功易事，以羡补不足，则农有余粟，女有余布；子如通之，则梓匠轮舆，皆得食于子。于此有人焉：入则孝，出则弟，守先王之道，以待后之学者，而不得食于子。子何尊梓匠轮舆，而轻为仁义者哉！"《滕文公下》

6. 孟子曰："规矩，方员之至也；圣人，人伦之至也。欲为君，尽君道；欲为臣，尽臣道。二者皆法尧舜而已矣。不以舜之所以事尧事君，不敬其君者也。不以尧之所以治民治民，贼其民者也。孔子曰：'道二：仁与不仁而已矣。'暴其民甚，则身弑国亡；不甚，则身危国削。名之曰'幽厉'，虽孝子慈孙，百世不能改也。诗云：'殷鉴不远，在夏后之世。'此之谓也。"《离娄上》

7. 孟子曰："不孝有三，无后为大。舜不告而娶，为无后也。君子以为犹告也。"《离娄上》

8. 孟子曰："天下大悦而将归己，视天下悦而归己，犹草芥也，惟舜为然。不得乎亲，不可以为人；不顺乎亲，不可以为子。舜尽事亲之道，而瞽瞍底豫。瞽瞍底豫而天下化，瞽瞍底豫而天下之为父子者定，此之谓大孝。"《离娄上》

9. 孟子曰："事，孰为大？事亲为大。守，孰为大？守身为大。不失其身而能事其亲者，吾闻之矣；失其身而能事其亲者，吾未之闻也。孰不为事？事亲，事之本也。孰不为守？守身，守之本也。"《离娄上》

10. 公都子曰："匡章，通国皆称不孝焉，夫子与之游，又从而礼貌之，敢问何也？"孟子曰："世俗所谓不孝者五，惰其四支，不顾父母之养，一不孝也；博弈好饮酒，不顾父母之养，二不孝也；好货财，私妻子，不顾父母之养，三不孝也。从耳目之欲，以为父母戮，四不孝也；好勇斗狠以危父母，五不孝也。章子有一于是乎？……夫章子，子父责善而不相遇也。责善，朋友之道也。父子责善，贼恩之大者。夫章子，岂不欲有夫妻子母之属哉！为得罪于父，不得近，出妻屏子，终身不养焉。其设心以为不若是，是则罪之大者。是则章子已矣！"《离娄下》

11. 万章曰："父母爱之，喜而不忘；父母恶之，劳而不怨。然则舜怨乎？"曰："长息问于公明高曰：'舜往于田，则吾既得闻命矣。号泣于旻天，于父母则吾不知也。'公明高曰：'是非尔所知也。'夫以舜为大孝。夫公明高以孝子之心，为不若是恝；我竭力耕田，共为子职而已矣。父母之不我爱，于我何哉！……人少则慕父母，知好色则慕少艾，有妻子则慕妻子，仕则慕君，不得于君则热中。大孝终身慕父母，五十而慕者，予于大舜见之矣。"《万章上》

12. "孝子之至，莫大乎尊亲；尊亲之至，莫大乎以天下养。为天子父，尊之至也；以天下养，养之至也。诗曰：'永言孝思，孝思维则。'此之谓也。《书》曰：'祗载见瞽瞍，夔夔齐栗，瞽瞍亦允若。'是为父不得而子也。"《万章上》

13. "徐行后长者谓之弟，疾行先长者谓之不弟。夫徐行者，岂人所不能哉？所不为也。尧舜之道，孝弟而已矣。子服尧之服，诵尧之言，行尧之行，是尧而已矣。子服桀之服，诵桀之言，行桀之行，是桀而已矣。"《告子下》

14. 曰："《凯风》亲之过小者也；《小弁》亲之过大者也。亲之过大而不怨，是愈疏也；亲之过小而怨，是不可矶也。愈疏，不孝也；不可矶，亦不孝也。孔子曰：'舜其至孝矣，五十而慕。'"《告子下》

15. "五霸，桓公为盛。葵丘之会诸侯，束牲、载书而不歃血。初命曰：'诛不孝，无易树子，无以妾为妻。'再命曰：'尊贤育才，以彰有德。'三命曰：'敬老慈幼，无忘宾旅。'四命曰：'士无世官，官事无摄，取士必得，无专杀大夫。'五命曰：'无曲防，无遏籴，无有封而不告。曰：'凡我同盟之人，既盟之后，言归于好。'今之诸侯，皆犯此五禁，故曰：今之诸侯，五霸之罪人也。"《告子下》

16. 孟子曰："君子居是国也，其君用之，则安富尊荣；其子弟从之，则孝弟忠信。'不素餐兮'，孰大于是？"《尽心上》

17. 宣王欲短丧。公孙丑曰："为朞之丧，犹愈于已乎？"孟子曰："是犹或紾其兄之臂，子谓之姑徐徐云尔，亦教之孝弟而已矣。"王子有其母死者，其傅为之请数月之丧。公孙丑曰："若此者，何如也？"曰："是欲终之而不可得也。虽加一日愈于已，谓夫莫之禁而弗为者也。"《尽心上》

18. 桃应问曰："舜为天子，皋陶为士，瞽瞍杀人，则如之何？"孟子曰："执之而已矣。""然则舜不禁与？"曰："夫舜恶得而禁之？夫有所受之也。""然则舜如之何？"曰："舜视弃天下犹弃敝蹝也。窃负而逃，遵海滨而处，终身欣然，乐而忘天下。"

| 参考文献 |

（一）古籍

1. 左丘明撰、［晋］杜预注、［唐］孔颖达正义：《春秋左传正义》，北京：北京大学出版社，2000 年版。

2. 赵岐注、宋孙奭疏：《孟子注疏》，上海：上海古籍出版社，1991 年版。

3. 司马迁：《史记》，北京：中华书局，1990 年版。

4. 郑玄注、贾公彦疏：《仪礼注疏》，北京：北京大学出版社，2000 年版。

5. 毛亨撰、郑玄笺、孔颖达疏：《毛诗正义》，北京：北京大学出版社，2000 年版。

6. 许慎撰、段玉裁注：《说文解字注》，上海：上海古籍出版社，1998 年版。

7. 阮籍著、李志钧等点校：《阮籍集》，上海：上海古籍出版社，1978 年版。

8. 袁康著，吴平辑录：《越绝书》，上海古籍出版社，1985 年版。

9. 王弼注、楼宇烈校释：《老子道德经注校释》，北京：中华书局，2008 年版。

10. 郭象注、成玄英疏：《南华真经注疏》，北京：中华书局，1998年版。

11. 郭璞注、邢昺疏：《尔雅注疏》，上海：上海古籍出版社，2010年版。

12. 李昉等：《太平御览》，人事部人事部八十七，商务印书馆，1936年版。

13. 李勉注译：《管子今注今译》（上、下），台北：台湾商务印书馆股份有限公司，2013年版。

14. 程颢、程颐著、王孝鱼点校：《二程集》，北京：中华书局，2004年版。

15. 朱熹：《四书章句集注》，北京：中华书局，1983年版。

16. 朱熹：《朱子语类》，北京：中华书局，1986年版。

17. 王先谦：《荀子集解》，北京：中华书局，2013年版。

18. 王先谦：《释名疏证补》，北京：中华书局，2008年版。

19. 刘宝楠：《论语正义》，北京：中华书局，1990年版。

20. 焦循：《孟子正义》，北京：中华书局，1987年版。

21. 王先慎：《韩非子集解》，北京：中华书局，1998年版。

22. 阮元校刻：《十三经注疏》，北京：中华书局，1980年版。

23. 戴震：《孟子字义疏证》，北京：中华书局，1982年版。

24. 孙诒让：《周礼正义》，北京：中华书局，1987年版。

25. 袁康著，吴平辑录：《越绝书》，上海古籍出版社，1985年版。

26. 杨守敬、熊会贞：《水经注疏》，南京：江苏古籍出版社，1989年版。

27. 刘安：《淮南子》，商务印书馆，民国二十五年 1936 年版。

28. 王云五主编：《春秋左传今注今译》，台湾：商务印书馆股份有限公司，1993 年版。

29. 司马光编著：《资治通鉴》，北京：中华书局，2008 年版。

30. 黎靖德编：《朱子语类》，《论语第六》，北京：中华书局，1986 年版。

31. 杨家骆主编：《韩非子集释》，世界书局，中华民国十八年版，1991 年第四版。

32. 顾炎武《日知录》，上海：上海古籍出版社，2012 年版。

33. 俞正燮：《癸巳类稿》，《续修四库全书》，第 1159 册，子部，杂家类，影印本，上海：上海古籍出版社，2002 年版。

34. 孙诒让：《周礼正义》，北京：中华书局，2013 年版。

35. 荀悦：《申鉴注校补》，《时事第二》，北京：中华书局，2012 年版。

36. 曾国藩：《曾国藩文集》，中国纺织出版社，2007 年版。

37. 黄宪：《天禄阁外史》，商务印书馆，民国二十五年 1936 年版。

38. 纪昀等：《四库全书总目提要》卷九十二·子部二/四库全书本。

39. 王先谦：《荀子集解》，北京：中华书局，2011 年版。

40. 杨家骆主编：《韩非子集释》，世界书局，中华民国十八年版，1991 年第四版。

41. 苏辙：《栾城后集》卷六/四部丛刊本。

42. 袁枢：《通鉴纪事本末》（全十二册），北京：中华书局，

1964 年版。

43. 王先谦：《庄子集解》，上海：上海古籍出版社，2013 年版。

44. 苏轼编：《东坡志林》，北京：中华书局，1981 年版。

45. 程颢、程颐：《二程遗书》卷二十三·伊川先生语九/清康熙吕留良刻本。

46. 唐玄宗注、宋邢昺疏：《孝经注疏》，上海：上海古籍出版社，2009 年版。

47. 高诱注：《吕氏春秋》，北京：北京图书馆出版社，2005年版。

48. 刘向：《说苑》，北京：中华书局，1987 年版。

49. 马端临：《文献通考》，新兴书局，民国五十四年 1965 年版。

50. 杜预注、孔颖达疏：《春秋左传正义》，北京：北京图书馆出版社，2003 年版。

51. 朱熹：《四书章句集注》，北京：中华书局，1983 年版。

52. 毕沅编著：《续资治通鉴》，北京：中华书局，1957 年版。

53. 欧阳询：《艺文类聚》（全四册），北京：中华书局，1965年版。

54. 黄宪：《天禄阁外史》，商务印书馆，民国二十五年 1936年版。

（二）专著

1. 安乐哲：《和而不同：比较哲学与中西会通》，北京：北京大学出版社，2002 年版。

2. 鲍国顺：《荀子学说析论》，台北：华正书局，1993 年版。

3. 陈大齐：《荀子学说》，台北：中国文化大学，1989 年版。

4. 陈登元：《荀子哲学》，《民国丛书第四篇》，上海：上海书店，1933 年版。

5. 陈修武：《荀子：人性的批判》，台北：时报文化出版公司，1994 年版。

6. 蔡仁厚：《儒家心性之学论要》，台北：文津出版社，1990 年版。

7. 蔡仁厚：《孔孟荀哲学》，台北：学生书局，1999 年版。

8. 蔡锦昌：《拿捏分寸的思考：荀子与古代思想新论》，台北：唐山出版社，1996 年版。

9. 陈飞龙：《荀子礼学之研究》，台北：文史哲出版社，1979 年版。

10. 陈飞龙：《孔孟荀礼学之研究》，台北：文史哲出版社，1982 年版。

11. 陈来：《古代思想文化的世界——春秋时代的宗教、伦理与社会思想》，北京：三联书店，2002 年版。

12. 陈文洁：《荀子的辩说》，北京：华夏出版社，2008 年版。

13. 陈柱：《诸子概论》，上海：商务印书馆，1930 年版。

14. 储昭华：《明分之道——从荀子看儒家与民主政道融通的可能性》，北京：商务印书馆，2005 年版。

15. 杜维明：《论儒家知识分子》，钱文忠、盛勤译，上海：上海人民出版社，2000 年版。

16. 芬格莱特：《孔子：即凡而圣》，彭国祥译，南京：江苏人民出版社，2002 年版。

17. 冯友兰：《中国哲学简史》，北京：北京大学出版社，1996

年版。

18. 郭齐勇：《儒家文化研究》. 生活·读书·新知三联书店，2008 年版。

19. 何淑静：《荀子再探》，台北：台湾学生书局，2014 年版。

20. 胡适：《中国古代哲学史》，上海：上海古籍出版社，2013 年版。

21. 哈耶克：《自由秩序原理》，邓正来译，北京：三联书店，1997 年版。

22. 韩德民：《荀子与儒家社会》，济南：齐鲁书社，2001 年版。

23. 韩星：《先秦儒家源流述论》，北京：中国社会科学出版社，2004 年版。

24. 侯外庐、赵纪彬、杜国庠：《中国思想通史》，北京：人民出版社，1957 年版。

25. 康香阁、梁涛：《荀子思想研究》，北京：人民出版社，2014 年版。

26. 孔繁：《荀子评传》，南京：南京大学出版社，1997 年版。

27. 李涤生：《荀子集释》，台北：学生书局，2000 年版。

28. 廖名春：《〈荀子〉新探》，北京：中国人民大学出版社，2014 年版。

29. 刘文起：《荀子成圣成治思想研究》，高雄：复文书局，1983 年版。

30. 龙宇纯：《荀子论集》，台北：学生书局，1987 年版。

31. 陆建华：《荀子礼学研究》，合肥：安徽大学出版社，2004 年版。

32. 梁涛：《郭店竹简与思孟学派》，北京：中国人民大学出版有限公司，2008 年版。

33. 梁涛：《儒家道统说新探》，上海：华东师范大学出版社，2013 年版。

34. 牟宗三：《名家与荀子》，长春：吉林出版集团有限责任公司，2010 年版。

35. 钱穆：《国学概论》，北京：商务印书馆，1997 年版。

36. 司马迁：《史记》，北京：中华书局，2014 年版。

37. 唐君毅：《中国哲学原论·原性篇》，北京：中国社会科学出版社，2005 年版。

38. 潭宇权：《荀子学说评论》，台北：文津出版社，1994 年版。

39. 王先谦：《荀子集解》，北京：中华书局，2013 年版。

40. 吴茹寒：《荀子学说浅论》，台北：文津出版社，1989 年版。

41. 韦政通：《荀子与古代哲学》，台北：台湾商务印书馆，1997 年版。

42. 韦政通：《先秦七大哲学家》，南京：江苏教育出版社，2006 年版。

43. 翁惠美：《荀子论人研究》，台北：中正书局，1988 年版。

44. 魏元珪：《荀子哲学思想》，台北：谷风出版社，1987 年版。

45. 王颖：《荀子伦理思想研究》，哈尔滨：黑龙江人民出版社，2006 年版。

46. 王楷：《天然与修为》，北京：北京大学出版社，2011 年版。

47. 徐复观：《中国人性论史·先秦篇》，北京：九州出版社，2014 年版。

48. 杨宽：《战国史》，上海：上海人民出版社，2016 年版。

49. 杨秀宫：《孔孟荀礼法思想的演变与发展》，台北：文史哲出版社，2000 年版。

50. 周绍贤：《荀子要义》，台北：台湾中华书局，1977 年版。

51. 周群振：《荀子思想研究》，台北：文津出版社，1987 年版。

52. 周炽成：《荀韩人性论与社会历史哲学》，广州：中山大学出版社，2009 年版。

53. 张荫麟：《中国史纲》，上海：上海古籍出版社，2006 年版。

54. 钱穆：《中国学术思想史论丛》，九州出版社，2010 年版，全十册。

55. 徐复观：《中国思想史论集续篇》，上海：上海书店出版社，2004 年版。

56. 童书业：《春秋史》（校订本），北京：中华书局，2012 年版。

57. 伊·巴丹特尔著，陈伏宝译：《男女论》，长沙：湖南文艺出版社，1988 年版。

58. 谢无量：《中国哲学史》，中国人民大学出版社，2011 年版。

59. 瞿同祖：《中国法律与中国社会》，上海：商务印书馆，2011 年版。

（三）期刊论文

1.《荀子中"性"与"伪"的多重结构》[J]. 邓小虎.《国立台湾大学哲学论评》第 36 期，2008 年 10 月

2.《竹简〈穷达以时〉和早期儒家天人观》[J]. 梁涛.《中州学刊》. 2003

3.《二十世纪日本学界荀子研究之回顾》[J]. 佐藤将之. 见

《东亚儒学研究的回顾与展望》. 台北：国立台湾大学出版社，2005

4.《中国古代哲学中的身心一体论》[J]. 张再林.《中州学刊》. 2011（05）

5.《孟荀"心性论"与儒学意识》[J]. 林启屏.《文史哲》. 2006（05）

6.《荀子哲学中"善"之起源一解》[J]. 李晨阳.《中国哲学史》. 2007（04）

7.《心安，还是理得？——从《论语》的一则对话解读儒家对道德的理解》[J]. 陈少明.《哲学研究》. 2007（10）

8.《"名"的自觉与名家》[J]. 黄克剑.《哲学研究》. 2010（07）

9.《荀子"虚壹而静"说新释》[J]. 廖名春.《孔子研究》. 2009（01）

10.《论荀子礼法结合的依据与方式》[J]. 彭岁枫.《求是学刊》. 2008（02）

11.《论荀子的"中道"哲学》[J]. 徐克谦.《中国哲学史》. 2011（01）

12.《荀子"性恶"说重估》。[J]. 张炳尉.《孔子研究》. 2011（01）

13.《"隆礼尊贤而王"——荀子礼治论》[J]. 刘岸挺.《孔子研究》. 2008（02）

14.《"礼""法"之间：荀子的"礼"性思考》[J]. 高建青.《船山学刊》. 2006（01）

15.《本体论视野中的荀子"礼论"》[J]. 张树旺.《船山学刊》. 2005（03）

16.《荀子的人性论新探》[J]. 赵士林.《哲学研究》. 1999（10）

17.《从心性学说看荀子思想的学派归属》[J]. 李翔海. 哲学研究. 1998（10）

18.《试论荀子哲学在儒学发展中的地位和意义》[J]. 路德斌. 中国哲学史. 1997（03）

19.《论先秦儒家的人性观》[J]. 王平.《山西高等学校社会科学学报》. 2010（12）

20.《孟子"道性善"的内在理路及其思想意义》[J]. 梁涛.《哲学研究》. 2009（07）

21.《论孟子和荀子人性思想的融通》[J]. 叶金宝.《河北学刊》. 2008（05）

22.《孟荀殊途同归：性善说与性恶说的比较分析》[J]. 王利军. 山东理工大学学报（社会科学版）. 2007（02）

23.《孟荀之辨》[J]. 黄克剑.《哲学研究》. 2006（10）

24.《形异实同：孟轲荀况人性论剖析》[J]. 周舜南.《船山学刊》. 2006（04）

25.《孟子性善论新探》[J]. 张鹏伟、郭齐勇.《齐鲁学刊》. 2006（04）

26.《孟荀人性思想之比较》[J]. 冯昊青，余霄.《湖南冶金职业技术学院学报》. 2006（01）

27.《德欲之争——早期儒家人性论的核心问题与发展脉络》[J]. 郭沂.《孔子研究》. 2005（05）

28.《先秦儒家"忠恕之道"的伦理精神透视》[J]. 窦立春.《南京林业大学学报（人文社会科学版）》. 2005（01）

29.《论荀子的性情观》[J]. 石洪波. 管子学刊. 2006（02）

30. 走出"中国哲学史"研究的"格义"时代 [J]. 张耀南. 哲学研究. 2005（06）

31. 从孔子弟子到孟、荀异途——由上博竹书《中弓》思考孔门学术分别 [J]. 杨朝明.《齐鲁学刊》. 2005（03）

32.《荀子与经学》[J]. 钟肇鹏.《管子学刊》. 1989（04）

33. 舒大刚：《〈周易〉、金文"孝享"释义》，《周易研究》，2002年，第04期。

34. 梁涛：《乐正氏之儒的"泛孝论"及其与思孟学派的关系（上）、（下）》，《孝感学院学报》，2006年3月。

35. 刘忠孝等：《试论孟子对孔子孝道观的贡献》，《学术交流》，2009年12月。

（四）学位论文

1.《自然之天与宗教之天——荀子之"天"概念新解》[D]. 侯艳芳. 上海师范大学

2.《先秦儒家工夫论研究》 [D]. 王正. 中国社会科学院研究生院

3.《儒家心性论传统与工夫论思想研究》 [D]. 袁曦. 海南大. 2010

4.《荀子与儒家六艺经典化——出土文献视野下荀子与儒家经典生成研究》[D]. 崔存明. 首都师范大学

5.《学不可以已——〈荀子〉思想研究》[D]. 沈云波. 复旦大学. 2008

6.《荀子社会秩序思想论》[D]. 王蓓蓓. 山东师范大学. 2011

7.《浅论荀子"隆礼重法"的哲学思想》[D]. 李铭. 山东大学. 2008

8.《荀子礼法思想研究》[D]. 刘小岑. 吉林大学. 2007

9.《浅论荀子的"明于天人之分"思想》[D]. 于翔. 吉林大学. 2007

10.《从孔子到荀子》[D]. 郭磊. 郑州大学. 2006

11.《孔门弟子思想分化研究》[D]. 王春. 山东大学 2005

12.《孟子与荀子人性观之比较》[D]. 武艳丽. 中国政法大学 2010

13.《孟、荀人性论比较》[D]. 李晓阳. 山东大学 2008

14.《荀子与战国学术思潮》[D]. 陈荣庆. 西北大学 2007

15.《牟宗三疏解儒家人性论之探讨》[D]. 孙效智. 德国慕尼黑大学. 1994